Gilbert Belo

Der Seele ungeheure Kluft

Gilbert Belo

Der Seele ungeheure Kluft
Leben, Reisen und Schicksal des Gil B.

frei nach dem deutschen Gil Blas
des Johann Christoph Sachse
und einem Vorwort von J. W. v. Goethe

Salem Edition

„*Das Höchste, wozu der Mensch gelangen kann,
ist das Bewußtsein eigner Gesinnungen und
Gedanken, das Erkennen seiner selbst.*"
  Goethe, Morgenblatt für gebildete Stände

Impressum

Gilbert Belo
Der Seele ungeheure Kluft
Leben, Reisen und Schicksal des Gil B.

© Salem Edition 2007
www.salemedition.de

Alle Rechte vorbehalten, incl. Übersetzung
und öffentlichen Vortrag

Gesamtherstellung:
Druckhaus Müller, Langenargen

Titelfoto Steffen Synnatschke

ISBN 3-9805535-9-0

Inhalt	Seite
Vorwort	6
Gil B.'s erstes Leben	11
Es ist völlig einerlei	45
Reise nach Mesopotamien	77
Eros und Aphrodite	107
Gil B.'s Wiedergeburt	120
Epilog	131
Schlußbetrachtung	133
Landkarten	141

Vorwort

Der deutsche Gil Blas und ich

Auf der Suche nach einer Idee für meine Lebensgeschichte kommt mir ein altes Buch mit dem Titel „der deutsche Gil Blas" in die Hände, 1822 gedruckt und mit einem Vorwort von Goethe versehen. Das macht mich gleich dreifach neugierig: erstens kenne ich den Gil Blas de Santillane des französischen Schriftstellers Lesage aus dem Jahre 1720, eines „Dieners vieler Herren", den der Autor die unterschiedlichsten Abenteuer in diversen gesellschaftlichen Schichten erleben läßt, um diesen gleichermaßen einen Spiegel vorzuhalten. Dazu gehören selbstredend auch Amouren, wie die Geschichte seiner Liebe zur Dame Lorenca Séphora; Gil Blas hofft, von der Tochter seines Herrn erhört zu werden, damit er *„… von Liebesqualen – gleich Qualen des Tantalus – durch ein Elysium des Genusses erlöst werde."*

Zweitens kann ich kaum glauben, daß diese Romane dem Autor des „deutschen Gil Blas" bekannt waren, geschweige denn, daß er sie vor Augen hatte, als er seine Memoiren schrieb. Der deutsche Titel trägt unzweifelhaft Goethes Handschrift und ich bin gespannt, ob die geschilderten Erlebnisse an das Original erinnern.

Das Dritte ist Goethes Präambel! Stellen Sie sich vor, Sie

wollen von Ihrem Leben berichten, können auch ganz gut erzählen, aber so richtig romanhaft will es nicht klingen. Da entschließen Sie sich, Ihren literarisch bewanderten Chef zu bitten, er möge doch so nett sein und mal drüberschauen. Der hat Verständnis für diesen Wunsch, liest das ihm vorgelegte Werk, korrigiert hier und da, stellt Sätze und Kapitel richtig, schreibt eigenhändig ein Vorwort und empfiehlt anschließend seinem Verleger, es zu drucken. Sicherlich nicht alltäglich, zumal dann, wenn es sich bei dem Vorgesetzten um Johann Wolfgang von Goethe handelt, seinerzeit Minister bei Herzog Ernst August von Sachsen-Weimar und zuständig für Theater und Kultur, gemeinhin als der größte deutsche Dichter bekannt. Dieser menschenfreundliche Akt veranlaßt mich, sofort mit der Lektüre des Buches zu beginnen, von dem wohl niemand jemals etwas erfahren hätte, wäre da nicht Goethe gewesen.

Mit bürgerlichem Namen Johann Christoph Sachse, wurde der Autor 1761 in den Wirren des siebenjährigen Kriegs, bei dem es zwischen Breslau, Lobositz, Prag, Hoyerswerda und Krefeld zu 28 sinnlosen Schlachten zwischen Preußen, Österreich und Rußland einerseits und Frankreich andererseits gekommen war und Preußen alleine an die zweihunderttausend Mann verheizt hatte, in dem kleinen thüringisch-sächsischen Dorf Lobstädt bei Gotha geboren. Sein Vater hatte in der hannoverschen Armee gedient und kehrte nach Kriegsende

„... mit reicher Beute, d.h. einer abgetragenen Uniform, einem Degen, einem alten Pfeifenkopf und leerem Tornister" nach Hause zurück.

Er berichtet von einer äußerst unglücklichen familiären Situation während seiner Kindheit, die ihn im Alter von 10 Jahren zum ersten Mal auf die Straße treibt. Es folgt eine andauernde Not, zahlreiche Unfälle kommen erschwerend hinzu, und kurze Zeit später sieht man ihn als Bauerngehilfe beim Viehhüten im heutigen Niedersachsen. Von hier treibt es ihn über Hannover und Hamburg nach Stade, wo er Diener bürgerlicher Herrschaften wird. Bei einem Festmahl zu Ehren des „Prinz von Wallis, der gleichzeitig Bischof von Osnabrück ist" hilft er, diesen zu bedienen mit „... gebratenen Ochsen und Fischen von ungeheurer Größe" – und wird später Bursche bei diversen Militärs.

Dazwischen kommt es zu einer Reise nach Amsterdam. Auf dem Rückweg gerät er in die der Französischen Revolution folgenden Koalitionskriege, bevor er im Gefolge des herzoglich-sächsischen Legationsrates Weiland in Rastatt landet und dort die Ermordung französischer Minister miterlebt. Bereits 1792 hatte er in Frankfurt, bezeichnenderweise am 14. Juli, dem Jahrestag der Revolution, die Kaiserkrönung gesehen, die „... nach allen in der Goldenen Bulle vorgeschriebenen Feierlichkeiten" ablief. Sein Buch endet mit einem Credo: *„Denke frei, handle treu und übe Pflicht, mit Lust und Zuversicht"*.

Im besagten Vorwort lobt Goethe die lebendige Schilderung der Biographie seines Bibliotheksdieners, doch zugleich macht er Einschränkungen: *„...wollte man dem Geschriebenen diesen Titel vorsetzen, so wäre vor allem zu erklären, daß der französische Gil Blas ein Kunstwerk, der deutsche dagegen ein Naturwerk sei, und daß sie also in diesem Sinne durch eine ungeheure Kluft getrennt erscheinen."*

Aha! Verständlich, diese Distanzierung bei einem großen Dichter, der einerseits Shakespeare würdigt – und nun Sachse kommentiert. Diese Kluft kennzeichnet den Abstand zwischen beiden Werken, was den intellektuellen Anspruch angeht, und ordnet das Buch in den Bereich der trivialen Literatur, wohl auch im Hinblick auf die „geneigte Leserschaft", die zur damaligen Zeit wesentlich kleiner war als das bei uns der Fall ist, wo inzwischen ganze Medienlandschaften sich dieses Genres bedienen. Was Sachse erlebt hat, könnte heute ein Millionenpublikum begeistern.

Es ist mehr als bemerkenswert, wenn ein Mann wie Goethe, mit seinem Selbstverständnis, seiner Stellung in der literarischen Welt, sich eines solchen Werkes annimmt, ein Ausdruck seiner Vorliebe für alles Individuelle selbst unbedeutender Menschen. Während sich Sachses Mutter noch Sorgen macht, daß sie nicht „... in ein Land (Hessen!) ziehen wolle, wo Leibeigenschaft herrsche" und man sich andernorts voller Verachtung über das Buch dahingehend äußert, daß es „... höchst komisch sei, daß ein armer kleiner Domestik sich anmaßt, ein Schicksal gehabt zu haben", ist sich der Meister nicht zu schade, einem alltäglichen Lebensbericht eine literarische Chance zu geben.

Das macht Mut und ich beschließe, mich den beiden zuzugesellen; hat Goethe einmal geholfen, wird er es auch noch ein zweites Mal tun, und herab vom Olympischen Dichterthron sich huldvoll meiner annehmen.

Gil Blas und ich haben nicht nur die Initialen GB gemeinsam; das Sujet der Erzählung paßt zu meiner Geschichte, so daß ich – lediglich Namen und Daten verändernd – des öfteren seinen Text wie von ihm geschrieben übernehmen kann. Seine Entdeckung war ein Wink des Schicksals und so sei es mir gestattet, mich an sein Werk anzuhängen – weiß ich doch das Original von Meisterhand redigiert.

Doch meine Geschichte nimmt eine eigene, dramatische Wendung. Goethes Wort von der „ungeheuren Kluft" erfährt in diesem Buch eine tiefere Dimension, nimmt sein Ende vorweg, bezeichnet das Trennende, Zerreißende einer Kluft, wenn sie die Topographie der Seele spaltet.

Gil B.'s erstes Leben

1

Es ist das dritte Jahr des mörderischsten aller Kriege, im Kreißsaal eines Kölner Krankenhauses. Das *Bomber Command* schickt Nacht für Nacht britische Flugzeuge zu Einsätzen gegen das Deutsche Reich. Heute ist die in Sichtweite des Hospitals liegende Rheinbrücke Ziel des Angriffs. Die Leuchtfinger der deutschen Flugabwehr erfassen Flieger, Maschinengewehrfeuer setzt ein, ziehen Leuchtspuren am nächtlichen Himmel – Tod und Leben eng beieinander, denn das „Feuerwerk" begrüßt einen neuen Erdenbürger. Er wird Gilbert genannt, später nur noch Gil. Als männlicher Nachwuchs für die Front der Nazis wird er der Mutter weggenommen und in einen Luftschutzkeller gebracht, derweil sie in Angst und Not zurückbleiben muß. Der Grundstein für eine innige Mutter-Kind-Beziehung ist gelegt.

Es gibt nur schemenhafte Erinnerungen aus den letzten Kriegsjahren. Ich sehe mich erstmals selbst, als Vierjähriger unterm Tisch, und rühre mich nicht vom Fleck, weil jede Bewegung in diesem selbstgestrickten, schrecklich juckenden Wollanzug mir unsagbare Schauer über den kleinen Körper jagt. Später einmal, als mein Herz nach einer hilfreichen Hand schrie, sagte man mir, daß ich „ein gar häßliches Kind" gewesen sei und meine Wiege im Hinterhof abgestellt wurde, die Sicht hinein durch ein Tuch verschleiert. Doch es gab eine Tante, die mich wohl so mochte wie ich war, aber – ein verbreitetes Übel in dieser Zeit – sie kam bei einem Bombenangriff ums Leben.

Mein Vater diente derweil in der 1. Ostpreußischen Infanteriedivision, die – wie er später mit Galgenhumor sagte – zur Einstimmung auf die Ostfront erst einmal Urlaub in Südfrankreich machen durfte. Beim dazwischen liegenden Heimaturlaub ist es der Gunst der Stunde zu verdanken, daß ich neun Monate später wie beschrieben auf die Welt kam. Nachdem die Situation im Verlaufe des Krieges immer dramatischer wurde, evakuierte man die Kölner Bevölkerung aufs Land. Hier sorgte Mutter mit besten Kontakten zu bäuerlichen Konservenbeständen fürs tägliche Wohlsein, ungeachtet der Belästigungen durch Luftangriffe – und wenn diese vorbei waren, spielten wir in Bombentrichtern.

Irgendwann war der Krieg aus und wir durften wieder zurück in die Stadt, die keine mehr war. Alle Brücken lagen zerstört im Fluß und unser Weg in die nördlichen Vororte war gesäumt von den Ruinen zerbombter Häuser. Unseres stand noch, lediglich das Dach war weggeflogen durch den Luftdruck einer Bombe, die zwei Häuser weiter ganze Arbeit geleistet hatte. Zerschossene Panzer standen am Rheinufer, hochinteressante Spielplätze für uns, und ich verschaffte mir erste technische Grundkenntnisse, indem ich hineinstieg und dabei meinen Sonntagsanzug mit Öl verschmierte. Das gab für lange Zeit Gesprächsstoff und mein Ruf bezüglich Reinlichkeit war besiegelt.

Mit meinem frühesten Erinnern unmittelbar verbunden ist die Not nach Kriegsende. Es gibt wohl nichts, was ich damals nicht in die Hände nehmen mußte: Kohlen runterwerfen von einem Bahnwaggon, Zuckerrüben für Sirup, einzukochen in der Waschküche, und Ähren sammeln auf den abgeernteten Feldern ebenso wie die Arbeit im Schrebergarten, den mein Großvater angelegt hatte. Gelegentliche Hamsterfahrten – mit mir als „Mitleiderreger" auf dem Fahrradgepäckträger – zu Bauernhöfen, bei denen Bettwäsche in Eier oder Mehl umgetauscht wurde, trugen zur Ergänzung des Speiseplans bei.

Dabei ging mir die Sorge um das tägliche Brot ins Blut, daraus resultierend mein noch heute vorhandenes elementares Verständnis für Dinge, die wirklich wichtig sind fürs Leben. Und es wurden schon wieder Lieder gesungen mit eher traurigem Text:

Doch wie dat früher wor, su weed et nie mi sin,
die Hüsje stonn nit mi an unsrem schöne Rhing.
Die Straßen sind so leer, kein Lachen hört man mehr,
wenn ich mi Kölle sin, deht et Hätz mir wieh.

2

Nun muß ich erwähnen, daß es das Haus meines Großvaters war, in dem wir lebten und der für mich wie selbstverständlich die Vaterrolle übernommen hatte. Er stammte aus einer bürgerlichen Familie – sein Vater war Bäckermeister in einem kleinen Ort unterhalb des Drachenfels – und das Älteste von einem Dutzend Kinder. Er war die Menschlichkeit in Person und kümmerte sich bis zu ihrem frühen Tod liebevoll um Großmutter, der die schlimme Zeit am ärgsten zugesetzt hatte. Meine Erinnerungen an sie beschränken sich allerdings auf ihren wundervollen Vorrat an Dörrobst im sogenannten Spindchen, unverschlossen und daher leicht zu plündern. Ich wurde sechs Jahre alt und bis dahin hatte ich meinen Vater nicht vermißt.

Da stand eines Tages ein Mensch in Lumpen an der Türe und fragte nach Mutter; sie kam und darauf verschwanden beide. Ein paar Tage später hieß es, Vater sei schwer krank aus russischer Gefangenschaft zurück gekehrt. Ansonsten änderte sich nicht viel und unter sich langsam normalisierenden Verhältnissen wurde ich eingeschult, zuerst in die Volksschule, und wechselte mit dem zehnten Lebensjahr aufs Gymnasium, um – wie Mutter es sich wünschte – den Grundstein für ein akademisches Studium der Zahnmedizin zu legen. Wie sie auf die Idee gekommen war, ich sei dafür geeignet, weiß ich bis heute nicht.

Im Übrigen war ich eher unwissend, ein stetig fragendes Kind, mit keinerlei Erfahrung, was Zärtlichkeiten angeht. Im unschuldigen Alter von etwa sieben Jahren erschloß sich mir zum ersten Mal die weibliche Welt dahingehend, daß ein etwa gleichaltriges Mädchen sich anbot, mir in einem Versteck ihren kleinen Unterschied zu zeigen. Kaum jedoch war das Höschen unten, packte mich von hinten eine Hand und zerrte mich aus dem Gebüsch – die Hand gehörte meiner Mutter – und sie ließ auch diesmal keine Liebe aufkommen, sondern sperrte mich ins abgedunkelte Zimmer, mit dem drohenden Hinweis auf die Strafe des Vaters, die für den Abend zu erwarten war.

So lernte ich bereits sehr früh, daß dieser Weg zur Liebe mit Gefahren verbunden ist, vor allem, wenn neidvolle kleine Biester petzen, die selber nicht den Mut dazu gehabt hätten. Auch diese Erfahrung war neu für mich. Bis auf die üblichen pubertären Spielchen war es das aber auch schon gewesen mit dem geschlechtlichen für längere Zeit – ich war der absolute Spätzünder – und keine liebevolle Fee fand sich, die mich in ihre Arme schließen wollte.

Inzwischen war Vater einigermaßen wiederhergestellt und hatte einen Handel mit Hölzern aller Art angefangen, denn Arbeiten mit Holz lag in seiner Familie. Sein Vater war als Schiffszimmermann auf der Hamburg-Amerika-Linie gefahren und betrieb nun eine kleine Möbelschreinerei. Die häufigen Tränen aber, die Mutter vergoß, und die nicht zu überhörenden Vorhaltungen ließen mich vermuten, daß es mit Vaters Handelsglück nicht zum Besten stehen müsse. Die Vermutungen wurden zur Gewißheit, als sie ihm vorwarf, daß er seinen ungewissen Spekulationen nicht nur sein eigenes geringes Vermögen opfere, sondern dabei sei, auch das ihrige zu verspielen.

Ein Glück war es, daß uns Großvaters Haus half, die Not zu lindern, die um so drückender geworden wäre, da Mutter ins Kindsbett kam. Mein älterer Bruder Heinz und ich sollten ein Schwesterchen bekommen, und für sie wurde ein Kindstaufschmaus ausgerichtet, bei welchem sich eine große Gesellschaft einfand, für manche an diesem Tage zugleich das erste Wiedersehen nach dem Krieg. Dabei war Vater durch die Erzählung seiner zum Teil haarsträubenden Erlebnisse der Mittelpunkt; alle hörten ihm mit gespannter Aufmerksamkeit zu. Es wurde aber auch mal wieder gelacht und unter andern folgendes Kindstauflied gesungen, das ich bei der Gelegenheit auswendig lernte:

> *Weet me op de Kindteuf ingelade,*
> *dat kann nit schade, do jommer hin.*
> *Denn von Hetze kamme sich vermache,*
> *jit vill ze lache und vill ze sin.*
> *Soon Fest ist edel, im richt'ge Vedel,*
> *son bischen tralalalala ...*

Der mitanwesende Herr Pfarrer sagte, daß es ein recht artiges Taufliedchen wäre; allerdings änderte er später seine Meinung, nachdem alle Strophen durchgesungen waren.

Es wurden aus dem Repertoire von Mutter noch mehrere Schnurren ausgehoben und gesungen, die sie allesamt aus dem Gedächtnis am Klavier begleitete. Erst gegen Mitternacht ging man vergnügt auseinander und noch ahnte niemand, daß sich dieses Freudenhaus eines Tages in ein Trauerhaus verwandeln sollte.

3

Meine Liebe zum Reisen entdeckte ich bei einem für Stadtkinder veranstalteten Aufenthalt an der Nordsee. Mit dem Zug ging es nach Leer in Ostfriesland und dann mit dem Schiff hinüber zur Insel Borkum. Dort stand auf der Reede ein ziemlich heruntergekommenes Soldatenheim – vielleicht war es auch eine Kaserne gewesen, denn ringsherum lag der Schrott militärischer Anlagen. Eine Schmalspurbahn brachte uns in den kleinen Ort und zum Leuchtturm, auf dessen Plattform in schwindelerregender Höhe ich mit einem Mal spürte, daß ein zu nahes Herantreten an das Geländer mit Blick in die Tiefe nicht gut für mich war. Ich drückte mich mit dem Rücken an die Mauer und war froh, als wir wieder unten waren.

Ein wunderbares Erlebnis dagegen war die Nachtfahrt mit einem Fischerboot, nur bei Flut möglich, denn Borkum ist von einem endlosen Wattenmeer umgeben, das wir schon bei einem Ausflug erkundet hatten. Der Geruch der Salzluft in Verbindung mit dem von frisch gefangenen Fischen sollte mir nie mehr aus der Nase gehen.

In der kritischen Zeit unserer Familienprobleme waren die Gelegenheiten zu reisen sehr begrenzt, doch erinnere ich mich gut an einen Landaufenthalt im nächsten Jahr. In Ermangelung von Reisegeld und als Ersatz für einen längeren Ferienaufenthalt kaufte Vater mir ein Fahrrad und dachte wohl, daß ich es für Ausflüge in der nahen Umgebung nutzen würde. Doch da hatte er die diesbezügliche Kreativität seines Sohnes unterschätzt.

Die Landstraßen zu einem Ort in der Eifel, wo Freunde wohnten, waren noch so gut in Erinnerung, daß ich mir zutraute, auch alleine dorthin zu finden. Noch vor Sonnenaufgang machte ich mich auf den Weg; leere Straßen und eine schöne Allee bis Bonn, danach ein wenig verzwickt durch unsere provisorische Hauptstadt und ab Königswinter den Rhein aufwärts bis Sinzig. Nun kam die erste Bergetappe meines Lebens: über Landstraßen ging es zum Dorf und am Abend wurde ich mit einem fröhlichen Hallo von den Töchtern des Hauses begrüßt.

Es folgte eine unbeschwerte Zeit, behütet von Bäuerin und Bauer, der mich frühmorgens mit aufs Feld nahm, um mit dem Pferdefuhrwerk Grünfutter für die Kühe zu holen. Ich half an der Zentrifuge für die Butter, bis meine Arme streikten. War ich alleine unterwegs, so trieb es mich an die entferntesten Weideplätze, um daselbst meinen Launen in der Stille nachzuhängen, ungestört im Gras zu liegen und den Wolken nachzuschauen. Ich hatte ganz eigene kindliche Ideen; der Klang der kleinen Glöckchen, welche die weidenden Rinder und Kühe an den Hälsen trugen, war für meine Ohren das lieblichste Konzert. Mit Wohlgefallen sah ich dem behaglichen Umherwandeln dieser Tiere zu und wähnte, indem ich mein Schicksal zum vergleichenden Maßstabe nahm, daß diese Tiere an der offenen Tafel der Natur freier und glücklicher wären als die Menschen.

Je mehr ich diesem Gedanken nachhing, desto mehr Wahres schien mir darin zu liegen, und beinahe fing es an mich zu verdrießen, daß ich ein Mensch war. Als ich darauf aber meine Gestalt mit der ihrigen verglich und schon darin den entschiedenen Vorzug des Menschen vor den Tieren erkannte, söhnte ich mich wieder mit dem Schicksal aus, welches mir noch obendrein den Vorzug der Vernunft und des Verstandes erteilt hatte, durch den er sich zum Herrn der Tiere und aller irdischen Güter machen kann, welche das Leben verschönern. Das galt auch für den ersten, schüchternen Kuß eines Mädchenmundes, den ich des abends beim zu Bett gehen spürte und noch nicht so richtig einzuordnen wußte in meiner Gefühlswelt.

Da das Dorf in Rheinland-Pfalz lag, gab es hier eine andere Ferienordnung und die Schule begann mit dem Unterricht früher als bei uns. Ich wollte sehen, wie das war, wenn Jungen und Mädchen aller Altersgruppen zusammen unterrichtet wurden und durfte noch für eine Woche mit in die große Klasse im alten Schulhaus.

Es war alles so schön für mich, daß ich keinen Gedanken an Zuhause fand und am liebsten für immer dort geblieben wäre. Doch der Tag der Abreise kam; ich fuhr den gleichen Weg, den ich gekommen war, zurück.

Wir saßen beim Abendbrot, ich erzählte von meinen Erlebnissen – und begann zu schluchzen, steigerte mich so hinein, daß wir in eine Klinik mußten. Dort berührten mich warme Hände, trösteten über eine unvermeidbare Spritze hinweg, worauf ich bald einschlief.

4

Inzwischen suchte mein Unterbewußtsein immer neue Möglichkeiten, dem familiären Umfeld zu entfliehen. So sah ich bald ein neues Mittel, unterwegs zu sein, als mir jemand von den Pfadfindern erzählte. Zwar hatte das für mich noch irgendwie den Charakter von Jungschar und Uniform, ließ aber auch viel Freiraum für Eigeninitiative. Ausflüge ins nahe Bergische Land am Wochenende und Skifahren in der Eifel gehörten zum Standardprogramm, dazu Gruppenabende und Freizeitaktivitäten. Wir wurden eingeladen zum großen Jamboree in den belgischen Ardennen. Im kreisförmig angelegten Zeltlager an einem Fluß waren annähernd 100 Jungen untergebracht, bis zu acht Mann pro Zelt, und es gab einiges an Abenteuern zu bestehen.

Eines Morgens fehlten zwei Kerle und eine allgemeine Suche begann; gegen Mittag erhielten wir einen aus Zeitungsschnipseln zusammengeklebten Brief, worin ein Lösegeld für ihre Freilassung gefordert wurde.

Es fand ein „Kriegsrat" statt und man beschloß, erst einmal Wachen einzuteilen für die Nacht. Die entdeckten, kaum daß es dunkel war, auf einem gegenüberliegenden Berg Lichtsignale, die sich als Morsezeichen herausstellten. Sie ergaben eine Botschaft, nach der unseren Kameraden die Flucht gelungen war und sie dringend unsere Hilfe benötigten.

Die ganze Nacht über war es ein ständiges Kommen und Gehen und am Morgen waren unsere Helden wieder im Lager. Da wurde bekannt, daß es sich um eine Komödie gehandelt hatte mit dem Ziel, unseren Teamgeist zu stärken.

Nicht ganz so lustig endete Tage später ein Abenteuer auf dem Fluß. Ein Boot war entdeckt worden, ein schadhafter Kahn; die Löcher wurden verstopft, ich sprang hinein, einer band ihn vom Baum los und zog ihn eine Strecke am Ufer entlang, um zu sehen, ob es gut gehen würde. Auf einmal strauchelte er und ließ das Seil fahren. Im Nu hatte die Strömung den Nachen so weit vom Ufer abgetrieben, daß ich bei aller Anstrengung nicht mehr an das Ufer zurückrudern konnte. Schon drang Wasser in den Kahn, bald stand ich bis über die Knie darin, als ich um Hilfe rief. Das hörte ein Angler, der uns vom Ufer aus beobachtet hatte. *"Unbesonnener Mensch"*, rief er in einem schwer verständlichen Dialekt, *"wie konntest du dich in einem so morschen Kahn auf den Fluß wagen?"* Er warf ein Seil und ich fing es auf; dann nahm er mich ins Schlepptau und zog das Boot an Land, wo er mich nochmals mit einer Strafpredigt bedachte, bevor ich ihm danken und zurück zum Lager konnte.

Zum guten Ende standen wir alle mit verschränkten Armen rund ums Lagerfeuer und sangen das Pfadfinderabschiedslied:

Nehmt Abschied, Brüder, ungewiß
ist alle Wiederkehr, die Zukunft liegt
in Finsternis und macht das Herz uns schwer.
Der Himmel wölbt sich übers Land,
ade, auf Wiedersehn!
Wir ruhen all in Gottes Hand,
lebt wohl auf Wiedersehn.

5

Ja – ungewiß sollte es weitergehen. Reisepläne hatte ich zuhauf, doch stieg, nachdem Großvater gestorben war, das häusliche Mißverhältnis ins Dramatische, denn kurze Zeit später stand der Schuldbüttel vor der Türe und verwies uns allesamt aus dem Haus. Kein Wunder wäre es gewesen, wenn Mutter in Verzweiflung gefallen wäre, da sie ihre ansehnliche Mitgift durch den Mißerfolg des Vaters verschleudert und sich selbst mit ihren Kindern in der größten Hilfsbedürftigkeit sah. Damit endeten die Tage meiner Kindheit und hatte ich bis zu diesem Zeitpunkt das Lateinische ohne großen Fleiß erlernt, so folgte nun ein ohnmächtiges Dahinleben in einer sich ständig wechselnden Umgebung. Meine Leistungen in der Schule wurden immer schlechter und nach dem ersten Blauen Brief sollte ich den akademischen Traum aufgeben und einen Beruf erlernen.

In der Familie hatte man sich mit dem Unvermeidlichen abgefunden; das verlorene Paradies war zwar nicht vergessen, doch sollte der dabei erlittene Verlust zu verschmerzen sein. Vater reimte sich seins zusammen:

> *Frisch auf Kinder, munter, lustig*
> *verlor ich zwar erst Haus und Gut,*
> *so hab' ich doch noch frohen Mut.*

Den holten sich die Eltern im Wirtshaus; in der ihnen schon bald vertrauten Umgebung der Kölner Brauhäuser ging das Gläschen so oft im Kreise, so oft und so lange, bis selbst die Gaststube im Kreise gehen mochte. Dabei sollten sie einerseits die Erfahrung machen, daß Obergäriges Bier als Allheilmittel galt, auf der anderen Seite aber „*Drink doch eine met, stell dich net e su ahn*" das „*kümmere ich mich um dich und höre dir zu*" nicht ersetzen kann.

Kaum hatten wir uns von den Strapazen der Hausräumung erholt, erklärte Vater, daß ich nun einen Beitrag zum Haushalt leisten müsse. Da sich bei mir ein Talent zur Verfertigung mechanischer Arbeiten gezeigt hatte – als kleiner Junge soll ich die Taschenuhr von Großvater auseinander genommen haben – begann ich mit 14 Jahren eine Ausbildung im Stahl- und Maschinenbau und stand gemeinsam mit zwanzig anderen Lernwilligen pünktlich um sieben Uhr in der Werkstatt. Als erstes sollten Stahlplatten, die sich beim Schweißen verformt hatten, mit einem großen Hammer gerichtet werden, doch schon nach zehn Schlägen konnte ich denselben nur noch bis zur Schulter anheben – und ließ ihn entmutigt fallen. Bei der Übergabe des ersten Wochenlohns von 25 Mark an Mutter registrierte diese endgültig, daß ihr Sohn statt Zahnarzt nun Arbeiter geworden war.

Das Jahr über hatte ich gute und böse Tage daselbst erlebt. War es Ende des Märzmonats oder am ersten April (welcher nach allgemeiner Meinung ein Unglückstag sein soll, weil an dem selben Tage der Teufel aus dem Himmel gestoßen worden sei), wo ich einen Radkarren halten sollte. Die Ladung rutschte ab und gleich einem Hebel schlug die Deichsel unter mein Kinn – beim Boxsport wird so etwas als Knockout bezeichnet. Kollegen trugen mich Bewußtlosen zur Krankenstation und von dort ging es mit dem Krankenwagen ins Spital. Die schweren Verletzungen führten dazu, daß ich einige Wochen dort bleiben mußte, wo ich wenig Trost fand, als Mutter beim Anblick meiner Verbände in Ohnmacht fiel und nun selbst Hilfe benötigte.

Noch während der Zeit im Krankenhaus hatte ich entschieden, daß die Werkstattarbeit doch zu schwer für mich sei und kaum war ich genesen, da stellte ich einen Antrag zur Versetzung ins Konstruktionsbüro, wo ich künftig am Reißbrett arbeiten und bessere Tage haben würde.

6

Ich stand jetzt im 19. Lebensjahr und der Anblick des weiblichen Geschlechts ließ Gefühle aufkommen, mit denen ich erst noch wenig anfangen konnte. Da lernte ich eine junge Frau kennen; sie war älter als ich, kam aus Amsterdam und studierte in Köln. Ich weiß nicht mehr genau, war es Biologie oder Medizin, doch da ihr der Umgang mit der männlichen Anatomie vertraut war, dürfte es wohl das Letztere gewesen sein.

Als wir uns etwas besser kannten, wollte sie mich mitnehmen zu ihren Eltern und ich freute mich sehr auf diese Reise. Wir wurden in ihrem Haus freundlich aufgenommen und als erstes entfernte meine Liebste die Bretter aus ihrem Bett, mit denen sie in der Wachstumsphase ihren Rücken gestärkt hatte, die uns aber jetzt in der Nacht verraten würden. Dann erhielt ich eine Lektion in Stadtkunde. Amsterdam liegt an der Stelle, wo die Flüsse Amstel und Ij sich in das Ijsselmeer ergießen. Sie war in ihrer Blütezeit wohl eine der vornehmsten Handelsstädte in Europa. Auf morastigem Boden gebaut, ruhen die Häuser auf Pfählen.

Ein erster Spaziergang führte uns am Königlichen Palast vorbei ins Centrum. Über eine Vielzahl von Grachten kamen wir zum Scheepvaart Museum am Oosterdok, wo wir uns bei den historischen Schiffen am längsten aufhielten. Der Rückweg führte an der Oude Kerk vorbei, schon wegen der Kuriosität der vielen Bordelle auf dem Domplatz. Auf dem Heimweg erfuhr ich dann, warum die meisten Fenster keine Vorhänge haben; ich nahm an, dies sei ein Zeichen der offenen Lebensart der Amsterdamer. Nur zum Teil, erhielt ich als Antwort, doch eigentlich will man nicht in den Verdacht kommen, es gäbe dahinter etwas zu verbergen. Die Tage vergingen wie im Fluge und bei der Abfahrt versprachen wir, wiederzukommen. Es blieb ein Vorsatz, denn kurze Zeit später trennten wir uns – sie hatte wohl den Mann fürs Leben gefunden.

Inzwischen hatte ich gelernt, technische Zeichnungen anzufertigen – Generalpläne und Schnitte und Abwicklungen, wie bei gebogenen Körpern die Ansicht der gesamten Fläche genannt wird. Um Ostern war es Zeit für die Abschlußprüfungen und schließlich erhielt ich die begehrte Urkunde; jetzt hatte ich einen Beruf, mit dem ich Geld verdienen konnte, um mir meine Träume vom Leben auf Reisen zu erfüllen.

Ich zog aus der elterlichen Wohnung aus in ein kleines Zimmer am Stadtrand und genoß die Freiheit ebenso wie das lustige Miteinander in der an mehrere Personen vermieteten Wohnung, mit nur einem Bad und einer gemeinsamen Küche, und lernte schnell, daß in einer solchen Umgebung nur derjenige überleben kann, der die dickste Haut hat, was Ordnung und Sauberkeit angeht.

Den Sommer wollten wir in Südfrankreich verbringen; Saint-Tropez war damals *en vogue,* sicher eine Nummer zu groß für unseren Geldbeutel, aber vielleicht fand sich etwas in der Nachbarschaft.

So fuhren wir zuerst nach Marseille, wo wir in einem billigen, eher zwielichtigen Hotel auf der Canebière abstiegen, den Hafen und Château d'If mit den Erinnerungen an Dumas Graf von Monte Christo besichtigten und zwei Tage später die Corniche in Richtung Toulon weiterfuhren. Am Abend erreichten wir St. Maxime, von „Trop" (wie es die Insider nannten) nur durch eine Meeresbucht getrennt. Den Tag über lagen wir in der Sonne oder badeten, ein paar Mal auch auf dem unter Kennern als Tip gehandelten Tahiti Plage mit seinem Nacktbadestrand und einmal erlaubten wir uns sogar einen abendlichen Barbesuch in der Szene. Doch weder Brigitte Bardot noch Luis de Funès als Gendarm, geschweige denn Belmondo ließen sich blicken.

Statt dessen machten wir einen Ausflug nach Nizza, besuchten anschließend den Seigneur von Monaco auf seinem Burgfelsen – und nach vier Wochen war das Geld alle. Der Kassensturz am Sandstrand ergab, daß wir es vielleicht noch bis Saarbrücken schaffen konnten; dort wohnte eine Freundin, die uns – falls erforderlich – weiterhelfen sollte. Also Abfahrt noch am späten Nachmittag und auf der Nationalstraße entlang der Rhône über Lyon und Dijon ins Saarland. Der nächste Abend sah uns gut gelaunt bei Schnitzel und Faßbier – und unsere Hoffnung auf ein paar Mark für die letzte Etappe wurde auch nicht enttäuscht.

7

So ging der Sommer vorbei, der Herbst kündigte sich an und Erntedank stand vor der Tür. Wir beschlossen, aufs Land zu fahren und spontan kam Einer mit dem Vorschlag, ein mitteldeutsches landsmannschaftliches Fest zu besuchen, was auch prompt akzeptiert wurde. Nach einer kurzweiligen Fahrt durchs Bergische und Nordhessen erreichten wir am Rande des Harz die Festwiese.

Noch am Abend wurden wir eingeladen, uns in Laubwerk zu kleiden, welches wir uns gefallen lassen mußten, mochten wir uns auch noch so sträuben. So geschmückt führte uns das mutwillige junge Volk unter Musik im Dorfe herum, wobei Butter, Eier, Kuchen, Speck und dergleichen gehamstert und damit triumphierend wieder nach dem Festplatz zurückgezogen wurde, um das Eingesammelte gemeinschaftlich zu verzehren.

Eine kleine Gruppe hatte sich vorausbegeben, um als Schauspiel eine kurzweilige Hochzeit vorzubereiten. Einer von ihnen machte den Priester und begann seine Rede:

Hier ist ein Pärchen, stolz und gut,
das möcht sich gern vermählen,
sofern ihr einen Beitrag tut,
ihr lieben, frommen Seelen!

Ein erster Chor antwortet:
Wir geben nichts, wir geben nichts!

Ein zweiter hält dagegen:
Man wird euch lernen geben!
Gebt doch dem lieben Pärchen was!
Sie brauchen eine Ziege;
und vielleicht gar, es ist kein Spaß! -
am nötigsten die Wiege.

Ein Mädchen für den Bräutigam:
Ihr Brüder, gebt nur, was ihr wollt,
habt nicht so taube Ohren:
Was ihr dem Liebesgotte zollt,
ist keineswegs verloren.

Ein Bursche für die Braut:
Ihr Schwestern, gebet was ihr wollt,
laßt euch nicht geizig schelten,
Was ihr der Liebesgöttin zollt,
wird sie euch wohl vergelten

Der Schulmeister:
Ihr Lieben, gebet, was ihr wollt,
dies Zaudern kann nichts taugen!
Sei es nun Silber oder Gold,
der Ehestand kann's brauchen!

Vater und Mutter:
Hört, Freunde, zeigt euch heute groß,
helft doch dem jungen Paare;
dann danken sie ihr schönes Los
euch noch im späts'ten Jahre.

Nun wieder der Pfarrer:
Aufs Ernstlichste ermahn ich euch,
der Liebe Bund zu ehren,
und muß, kraft meines Amts, zugleich
euch feierlichst beschwören:
Wer heut der Liebe Wunsch verschmäht,
dem grüne nie die Erde,
damit er immer traurig geht,
nie Braut und Bräutigam werde.

Und nun alle:
Wir geben gern, wir geben gern!
Wer mag sein Glück verscherzen?
Der Liebesgott bleibt uns nicht fern,
Er wohn in allen Herzen!

Hierauf ging der große Klingelbeutel zum Einsammeln herum, das Pärchen wurde auf eine lustige Weise getraut und das Eingesammelte im Festzelt verzehrt.

Rückblickend frage ich mich, ob ich vielleicht doch eine größere Spende hätte geben sollen, denn es war das letzte

Vergnügen dieser Art, welches ich in ungestörter reiner Jugendfreude genoß.

8

Nach strengem Winter mit viel Schnee und einem, wegen immer schlechter werdenden Verhältnissen in der Familie gar nicht fröhlichen Karneval, nahte der 1. Mai – der Tag der Arbeit mußte tüchtig gefeiert werden. Im großen Park rechts vom Rhein hatte man einen bekränzten Schuppen unter dem Namen „Die fröhliche Liebeslaube" eingerichtet, darin sich mancherlei lustige Szene abspielte. Wer gegen allgemein gültige Gesellschaftsregeln verstieß – zum Beispiel ein Gläschen Kölsch nicht auf einen Zug ausleeren konnte – mußte die nächste Runde bezahlen. Führte sich jemand ungebührlich auf, so sollte er auf die Linde steigen, oben einen Krug Bier austrinken und lauthals „der Mai ist gekommen…" singen.

Bevor der Tanz losging, mußten die Jungs ein von den Mädchen gebundenes Frühlingssträußchen erhalten, erst dann hatte man das Recht, mit ihr zu tanzen. Für mich fand sich bald eine Maid, die mir fröhlich Hand und „Strüßje" reichte und mich zum Tanzbrunnen führte. Die Kapelle spielte frisch drauflos, sie umfaßte mich traulich und blickte mir freundlich ins Gesicht. Nachdem ich mich wacker mit ihr herumgeschwenkt hatte, mußte ich sie einem anderen Burschen überlassen und dessen Partnerin übernehmen, bis ich fast alle durchhatte und so müde war, daß ich mich in der Laube ausruhen wollte.

Hier tranken mir Weiber und Männer zu, bis ihnen der liebe Gerstensaft zu Kopfe gestiegen war und eine allgemeine Ausgelassenheit herrschte. Eine Freude war es mit anzusehen, wie die Burschen die Mädchen dem Modetanz entsprechend hoch in die Luft hoben und ihnen durch ungekünstelte Andeutungen ihre Gesinnung zu erkennen gaben.

Indem ich so dastand und mich an den fröhlichen Auftritten belustigte, ermunterte mich einer der älteren Männer in Kölscher Mundart, ich solle doch mitmachen. Meine Müdigkeit lies er nicht gelten; er meinte: *„Als ich e su alt wor wie du, do kunnt ich ever mie ushalde"*, dabei hob er sein rechtes Bein in die Höhe, drehte sich auf dem linken Absatz herum und rief der Kapelle zu: *„Spellt mer och ens op. Han ich och kei Jeld mi en d'r Täsch, han ich doch immer no jet in de Fläsch. Wenn de Himmel vull Geige, dönt d' Minsche schweige."*

Meine erste Tanzpartnerin ging mir nicht mehr aus dem Kopf, doch leider hatte ich versäumt, mich mit ihr zu verabreden. Ihr Vorname Simone war in meiner Erinnerung, und da sie mir erzählt hatte, wo sie arbeitete, machte ich mich auf und fand sie tatsächlich. Ich fühlte eine Regung, die mir bisher beim Anblick anderer Mädchen fremd geblieben war, und hatte nach einigen Rendezvous die

Freude zu bemerken, daß auch ich ihr nicht gleichgültig war.

Wir rückten einander von Tag zu Tag näher, und gestanden uns endlich unsre gegenseitige Liebe, welche mich im kurzen so begeisterte, daß ich es wagte, ihr meine Empfindungen in folgenden gereimten Versen zu schildern:

> *So lieb als Du mir, Liebchen, bist,*
> *ist mir kein Mädchen mehr;*
> *seit mir Dein Herz bekannter ist,*
> *klopft meines grillenleer.*
> *Selbst jenes Blättchen ist mir lieb,*
> *worauf Dein Händchen mir*
> *die wonnevollen Worte schrieb:*
> *Ich schwöre Liebe Dir!*
> *Auch die geringste Kleinigkeit,*
> *bezieht sie sich auf Dich,*
> *erreget meine Lüsternheit,*
> *und hat schon Wert für mich.*

Die Verse hatten die gewünschte Wirkung, doch lebten wir mehr mit Seele als mit Leib – und die Lüsternheit wurde in Grenzen gehalten. Da traf mich völlig überraschend die Nachricht vom Einzug zum Militär. War es ein aus der Kriegszeit verinnerlichtes Signal, das mich instinktiv ans Heiraten denken ließ? Jedenfalls wurde unter Zeitdruck der Ehebund geschlossen, was sich bereits nach relativ kurzer Zeit als unverzeihliches Handeln herausstellen sollte.

Ich wartete darauf, daß sich nun im Bett die Himmelspforten öffnen würden, doch Simone ließ erkennen, daß sie sehr wohl darauf verzichten könne. Zwei in der Liebe unerfahrene junge Menschen wurden gewaltig auf den Boden der Realität zurückgeholt, auf dem es weder Glück noch Erfüllung geben konnte. Ein Zimmer in der Nähe der Garnison war bald gefunden, das Geld reichte gerade mal für die Miete und das tägliche Brot, und zu allem Übel holte mich auch noch das Unglück der Familie wieder ein.

9

Ich stehe auf einer Wiese, in Reih und Glied mit einigen Hundert anderen jungen Männern, und empfange Sachen, die jemand für mich ausgesucht hat in Farben, die ich nie auswählen würde. Da wird für dich gedacht, kommt mir in den Sinn, und derjenige wird weiterdenken bis hin zu dem Geschoß, das dich irgendwann vielleicht einmal erwischt – und daran ist bestimmt auch schon gedacht und alles bestens vorbereitet für einen würdigen Abgang. Ich beschließe, die Sachen nicht wirklich anzunehmen!

Über den üblichen Drill während der Ausbildung gibt es nicht viel zu sagen; vielleicht verdient die folgende

Begebenheit einen kurzen Rückblick. Es war im Spätherbst und die Großmächte hatten ernsthafte Probleme miteinander. Diesmal ging es um Cuba und wir alle waren der Meinung, diese Insel sei ja doch sehr weit von uns entfernt. Mitten in der Nacht schrie man Alarm und innerhalb von zehn Minuten standen alle fertig bepackt im nur spärlich beleuchteten Innenhof. Der Spieß ließ ein Tonband abspielen, auf dem ein Nachrichtensprecher den Ernst der Lage beschwor und die Natotruppen in Alarmbereitschaft sehen wollte.

Mir sank das Herz in die Hose; sollte es schon wieder soweit sein, keine 20 Jahre nach dem letzten Weltkrieg? Und nun uns erwischen? Im Hintergrund war der Lärm startender Flugzeuge zu hören, die ausgestoßenen Turbinengase glühten gespenstig in der stockdunklen Nacht. Im Eiltempo ging es in die umliegenden Berge und es war so kalt, daß mir unter dem Helm die Ohrenspitzen anfroren.

Doch am nächsten Tag sollte das Manöver bereits wieder zu Ende sein – und die Radiomeldung stellte sich als fingiert heraus. Der blinde Alarm bei den Pfadfindern war ja noch irgendwie lustig gewesen, aber diesmal handelte es sich um eine ziemlich makabere Angelegenheit.

Die Grundausbildung war noch nicht vorbei, da wurde ich völlig überraschend zum Kommandeur beordert und gefragt, was es mit zwei Bankschecks auf sich habe die – weil nicht bezahlt – bei Gericht vorgelegt worden seien. Ich war wie vor den Kopf geschlagen und beteuerte, nichts davon zu wissen; man möge mir doch mehr über die Hintergründe der Affäre berichten. Es stellte sich heraus, daß es um von mir unterschriebene Schecks über mehrere tausend Mark ging, die nicht gedeckt waren.

Da fiel es mir wie Schuppen von den Augen: mein Vater hatte mich gebeten, zwei Formulare zu unterschreiben, die angeblich nur als Sicherheit hinterlegt und nicht eingelöst werden sollten, weil er in Kürze einen größeren Geldeingang erwarte, und die dann vernichtet würden. Statt dessen hatte er sie bei zweifelhaften Geschäften zur Zahlung benutzt – und nun war die Sache aufgeflogen. Der Hauptmann sah den Ernst meiner Lage, empfahl mir dringend die Konsultation eines Armenanwalts und vereinbarte gleich einen Termin für mich. Dort mußte ich nochmals den Vorgang schildern und der Anwalt erklärte sich bereit, die Sache in die Hand zu nehmen.

Als nächstes erreichte mich ein Anruf von Mutter, die bitterlich weinte und berichtete, Vater habe nicht nur ihr Vermögen durchgebracht, sondern sie und meine Schwester in der größten Dürftigkeit im Stich gelassen. Sie standen auf der Straße, die Möbel soweit nicht gepfändet in einem Lager untergebracht. Von Vater fehlte jede Spur; erst viel später erfuhren wir, daß man ihm den Prozeß gemacht hatte, in dessen Folge er eine längere Freiheitsstrafe abbüßen mußte.

Ohne lange zu überlegen oder gar in bittere Klagen auszubrechen, bat ich um zwei Tage Urlaub, um nach Köln zu fahren und Mutter und Schwester zu uns zu holen.

In dieser Nacht schliefen wir alle in unserem kleinen Zimmer, zum Teil auf Matratzen, die uns die Vermieterin auslieh, und am nächsten Tag gab es erst einmal eine traurige Bilanz unserer Situation. Eine größere Wohnung mußte gesucht werden, wenn die beiden bei uns bleiben wollten – und danach sah es wohl aus. In der Nachbarschaft wurde ein kleines Haus zur Miete angeboten; die Bedingungen waren einigermaßen günstig und bereits nach einer Woche sollten wir die Möbel, die uns verblieben waren, abholen und unsere neue Bleibe notdürftig einrichten.

Geld war natürlich keins vorhanden; der einzige, der hätte helfen können, war Großvater, und so fand in seiner Schreinerwerkstatt ein Familienrat statt. Mein Bruder sollte wohl auch seinen Teil zum Umzug von Mutter und ihrem Neuanfang beitragen, doch Geben war seine Sache nicht und es kam zu einem sehr kalten Abschied, den Mutter so wohl nicht erwartet hatte. Großvater war, wie er sagte, auch nicht vermögend und es blieb mir nichts anderes übrig als einem fingierten Kreditvertrag zuzustimmen; statt der aufgeführten Möbel erhielten wir das Darlehen in bar und es mußte in monatlichen Raten zurückgezahlt werden. Wovon, das wußte zu diesem Zeitpunkt noch niemand.

Nun konnten wir einen Kleinlaster mieten und die

Möbel im Speditionslager auslösen. Glücklicherweise half mir ein Kamerad beim Umzug, denn in der Familie kümmerte man sich nicht um unser Unglück, welches zu diesem Zeitpunkt noch um die Ungewißheit über Vaters Schicksal vermehrt wurde. Wir mußten uns immer wieder gegenseitig trösten, wie zufrieden wir mit einem Dach über dem Kopf und ausreichendem Lohn sein könnten, wenn Vater das Glück häuslicher Ruhe nicht seinen verunglückten Spekulationen vorgezogen und alles verspielt hätte. Dann erfuhren wir von seinem Aufenthaltsort und machten uns auf, ihn in seiner Anstalt zu besuchen, wo er sich in sein Los gefügt hatte und auf bessere Zeit nach seiner Entlassung hoffte.

10

Beim „Bund" waren wir eine ganz ordentliche Gemeinschaft von Kameraden, die auch mal die Gläser hochleben ließ. Um ehrlich zu sein: es war ein Kursus für den regelgerechten Umgang mit dem Gerstensaft und – ich lernte es nie. Trotzdem war Verlaß aufeinander, wenn es um die Freunde ging und manchmal erforderte gerade das ein ziemlich riskantes Engagement. Ein Soldat hatte Probleme mit seiner Liebsten und war ohne Urlaubsschein zu ihr gefahren. Natürlich fiel das beim Antreten auf und es gelang uns, seine Abwesenheit mit einem dringenden Arztbesuch zu erklären. Das wäre zu entschuldigen gewesen, vorausgesetzt der Kamerad erschien am nächsten Morgen zum Appell.

Was tun? Telefonisch war er nicht zu erreichen. Wir besorgten uns seine Adresse und machten uns am Abend auf den 200 Kilometer langen Weg. Tatsächlich fanden wir ihn, erklärten die Situation und ab ging die Post zurück zur Kaserne. Unterwegs erwischte uns auf dem Hunsrück ein Schneesturm, die Technik des Autos machte Probleme und trotzdem gelangten wir gegen fünf Uhr früh über den „Notausgang Zaun" in unsere Bude. Um sieben war Antreten und es gab überraschte Blicke, als unser Sorgenkind beim Aufrufen seines Namens ein nicht ganz frisches „Hier" hören ließ.

Nun folgte die übliche Routine, Lehrgang auf Lehrgang, und dazwischen Manöver in Schwarzenborn – mitten im Winter, wo wir des Nachts vom Bett aus den Mäusen beim Knabbern an unseren Essensresten, die auf dem Tisch liegen geblieben waren, zuschauten. Nach achtzehn Monaten endete eine Zeit, von der man nicht so recht wußte, wem sie eigentlich genutzt hatte. Mein Militärdienst war abgeleistet und nun mußte eine Entscheidung für den weiteren beruflichen Weg getroffen werden. Ich hatte die Wahl zwischen einem Dienst am Reißbrett oder Arbeit im Außendienst – und entschied mich für Letzteres.

Nach einem Einführungslehrgang, bei dem ich neue Maschinen und Verfahren kennenlernte, aber auch meine technischen Kenntnisse einbringen konnte, übernahm ich die Betreuung eines größeren Kundenstammes. Dabei merkte ich sehr schnell, daß guter technischer Sachverstand das Kaufmannswissen nicht ersetzen kann, und beschloß nach einem Jahr, noch einmal die Schulbank zu drücken und Betriebswirtschaft zu studieren. Der Plan wurde angegangen und mit Hilfe von Studienberatern fand sich auch eine Schule, an die ich meine Anmeldung samt Unterlagen schickte. Ich wollte wenn möglich bereits zum nächsten Semester starten, was auch eine Flucht vor der Familie war, denn durch den inzwischen in den gemeinsamen Haushalt zurückgekehrten Vater war es des öfteren wieder zu Auseinandersetzungen mit Mutter gekommen.

Meine bisherige schulische und berufliche Ausbildung erlaubte ein sogenanntes „Schmalspur-akademisches" Studium auf einer Fachhochschule, das einen Umzug nach Süddeutschland notwendig machte. Nicht weit entfernt lagen so renommierte Universitäten wie Freiburg und Tübingen, von denen ein wenig Glanz auf unsere Studenten abfiel, die sich mit besonderem Eifer und – kaum des Lateinischen mächtig – zu den Kneipen bei den dortigen Burschenschaften einluden. *„Ein Schmollis, ihr Brüder – Fiducit!"*

In den nächsten beiden Jahren lernte ich alles über Soll und Haben, Ökonomie des Marktes und *„daß Kosten keine Kosten sind, sondern der betriebliche Werteverzehr."*

Die Zeit der Prüfungen kam, meine Scheine waren zur Zufriedenheit benotet und nach knapp einem Monat erhielt ich ein Zeugnis darüber, daß Studium und Examen mit gut bestanden wurden. *Gaudeamus igitur* – laßt uns also fröhlich sein!

11

Was ich bereits andeutete, war inzwischen zur Gewißheit geworden. Unsere eheliche Beziehung wurde im gleichen Maße auf ein Minimum reduziert, wie meine Lust daran wuchs. Immer häufiger kam es vor, daß ich bei meinen geschäftlichen Reisen nach einem Techtelmechtel Ausschau hielt, und wurde das Liebäugeln erwidert, dann sollte doch ein Rendezvous möglich sein.

Eines Tages war es so weit; es kam zu einer Einladung auf ein Glas Wein bei einer jungen Dame. Sie führte mich in ihre Wohnung und überhäufte mich mit Beweisen ihrer Zuneigung. Als sie von meinem ehelichen Problem erfuhr, bot sie mir mit sichtlichem Genuß ihre Reize zum Kosten, es schmeckte und tat gut, und zum ersten Mal hatte ich das Gefühl, bei einer Frau einen herrlichen Sieg errungen zu haben.

Nun wußte ich, was mir fehlte und – einmal auf den Geschmack gekommen – suchte ich der Ehe zu entfliehen, indem ich ein neues berufliches Engagement in einiger Entfernung von meinem Wohnort annahm. Vollends zerbrochen war die Liebe, als sich bei einer als Versöhnung gedachten Ferienreise keinerlei liebevolle Annäherung mehr zeigte und ich mit ziemlichen Groll im Herzen abreiste.

Daß dies nicht gut für meine Gesundheit war, zeigte sich kurz darauf: ich kam mit einer galligen Entzündung ins Spital, wo ich wegen vermeintlicher Ansteckungsgefahr zwei Monate lang in Quarantäne ausharren mußte.

Die gelegentlichen Besuche der mir Angetrauten beschränkten sich auf den Blick durch ein kleines rundes Fensterchen, während meine Geliebte sich sehr wohl meinem Bett näherte und meine Hand hielt. Ich schwankte ständig zwischen dem gegebenen Jawort und den Forderungen meiner jungen Männlichkeit, suchte Rat und Hilfe bei den unterschiedlichsten Adressen – und landete schließlich bei einem „Seelendoktor". Als ich ihm erzählte, daß ich seit einiger Zeit ohne Schuhe ein erschreckendes Gefühl der Schwäche hätte, wies er mich sofort in eine psychosomatische Klinik ein.

Hier fand ich Leute, mit denen ich über meine Nöte sprechen konnte und die zur Trennung rieten, doch diese Entscheidung wurde mir abgenommen, als ich von Simone erfuhr, daß sie die Scheidung wolle. Zuerst war ich unfähig, darauf zu antworten und es dauerte eine ganze Weile, bis ich begriff, daß letzten Endes doch nur ein Irrtum korrigiert werden sollte.

So konnten wir nach dem Spruch des Richters zwar mit einer Narbe im Herzen, aber als freie Menschen den Saal verlassen, was zum ersten wirklichen Freudenmahl seit unserer Eheschließung im nahen Elsaß führte. Danach wünschten wir uns gegenseitig viel Glück und versprachen, bei Gelegenheit ein Wiedersehen zu arrangieren, wozu es später auch tatsächlich kam.

Ame – et fac quod vis
Liebe – und dann tue was du willst
Augustinus

Es ist völlig einerlei

EINTRAG INS TAGEBUCH

Ich beschließe, ein Tagebuch zu führen – doch auch das will gelernt sein; hinein schreiben werde ich alles, was mir in meinem Leben passiert. Just in diesem Augenblick finde ich ein bemerkenswertes Logo: „Die Befreiung aus der Abhängigkeit, der anerzogenen Unfreiheit, bedarf eines seelischen Kraftaktes; das Ziel heißt Genuß der Selbständigkeit und Eigeninitiative."

Das sagt alles aus über meine momentane Situation, und dementsprechend werde ich gefordert, weil immer noch plan- und orientierungslos, gleich Odysseus, doch der hatte wenigstens ein Zuhause.

Mir wird langsam klar, was falsch gelaufen ist: im Ehebett ist wenig los, die Umarmung kurz, als handele es sich nicht um den Ausdruck der Liebe zweier Menschen zueinander, sondern um eine Pflichtübung, ohne Vor- und Nachspiel! Heute weiß ich es besser; nach dem, was ich erleben mußte, hat – wie bei Ovid zu lesen ist – keine Liebe mehr Reiz für mich als die, „… die sich der animalischen nähert, doch das Fleisch den Geist noch nicht ganz überwältigt hat. Es fühlt sich lange Zeit so an, als sollte es keinen Sieger geben beim wechselseitigen Lustkampf zwischen körperlicher und geistiger Wollust."

12

Waren die Leidenschaften der Vergangenheit von einem latent vorhandenen Schuldgefühl begleitet worden, so sollte ich bereits nach kurzer Zeit eine herzerfrischende Beziehung erfahren. Ein Schwarzwaldmädel, Julia mit Namen, warf ihre Netze nach mir aus, in die ich mich voller Lust verstrickte. Es war wie ein Rausch, der mich erfaßte und manche Nacht suchte keinen Schlaf, sondern fand ein immer wiederkehrendes Erwachen in innigster Umarmung. Doch spätestens, als die Abrechnung meiner Finanzen auf dem Tisch lag, wurde mir bewußt, daß die „Flitterwochen" erst einmal zu Ende waren.

Meine Versuche, ein Handelsgeschäft aufzubauen, waren gescheitert, ein Schuldenberg hatte sich angehäuft. Die Ökonomie folgt eigenen Regeln, hat mit dem Entwurf einer Konstruktionszeichnung wenig gemeinsam, und nun war guter Rat teuer.

Bedroht von den Klagen der Gläubiger flüchtete ich ins Ausland. Erst lebte ich bei Freunden, man verschaffte mir eine Anstellung, die sich gut anließ und innerhalb eines Jahres soviel einbrachte, daß ich durch Vermittlung eines Anwalts auf einen außergerichtlichen Vergleich hoffen konnte. Dies gelang; ich kehrte nach Deutschland zurück und landete in Freiburg im Breisgau, nach Begleichung der offenen Rechnungen schuldenfrei, doch ansonsten mittellos.

Ich hatte die Chance, im Alter von 32 Jahren völlig neu anzufangen – und das tat ich auch, indem ich erst einmal in Zeitungen nach Stellenangeboten schaute und einige Bewerbungen abschickte. Wieder zeigte sich, daß eine Tätigkeit, mit Reisen verbunden, vergleichsweise besser konditioniert war als reine Büroarbeit.

Ein Angebot versprach, beides miteinander zu verbinden: die Interessen eines global operierenden Unternehmens in selbständigen Niederlassungen zu vertreten. Die Aufgabe verlangte die Durchsetzung vorgegebener Ziele, aber auch eigener Ideen vor Ort, sowie die Verwaltung und Abrechnung kooperativer Budgets, und versprach relativ selbständiges Arbeiten.

Das war wichtig für mich, soviel hatte ich aus der Vergangenheit gelernt, und als die Einstellungsmaschinerie mit allen erdenklichen Fragebögen, Untersuchungen und Tests ein positives Urteil fällte, war ich angenommen.

Es folgte eine mehrmonatige Einweisung in meine neue Arbeit, unter Anleitung erfahrener Kollegen, bevor ich mit frischem Mut an die Übernahme des ersten Standortes herangeführt wurde. Nun konnte ich die im Handel erworbenen Kenntnisse einbringen, fand neue Partner bei der Distribution, und nach nicht einmal vier Jahren setzte sich einer meiner Schutzbefohlenen die „Krone des Jahres" aufs Haupt, nicht ohne mir angemessen zu begegnen.

13

Inzwischen wurde es Zeit, wieder an meine Reiseleidenschaft zu denken. Ich wollte Korsika entdecken! Nicht so, wie Columbus Amerika entdeckte, aber ein Schiff benötigte ich auch, um von Livorno auf die Insel zu gelangen. Wieder war es die Seeluft, die mich gefangen nahm und eigentlich ging mir die Überfahrt viel zu schnell. Anders dagegen Julia, meine Reisepartnerin - Sie kennen das Schwarzwaldmädel bereits. Sie litt unter Seekrankheit und war froh, als die Fähre am Nachmittag in den Hafen von Bastia einfuhr.

Buntes mediterranes Leben begrüßte uns; nach kurzer Stadtvisite zog es mich nach Aleria, um 565 v. Chr. als Alalia von Griechen gegründet, die die Insel *Kalliste* die Schöne nannten. Von der griechischen Siedlung ist nichts mehr, von der römischen (ab 259 v. Chr. Sitz des Statthalters) sind Reste eines Tempels, des Forums sowie der Bäder erhalten. Wir schliefen im Wagen, direkt neben dem alten Gemäuer einer frühchristlichen Kirche, die – wie wir bei einem Blick durch die morsche Türe feststellen konnten – als Strohlager diente.

Am nächsten Morgen ging es der Küste entlang zur Bucht von Porto Vecchio, wo wir einen schönen Platz direkt am Meer fanden und unser Zelt aufbauten. Jeden Morgen kam der Bäcker aus dem Ort und unter Gebimmel und Rufen wie *„Croissant, Pain de Chocolat etc."* bot er seine frischen Backwaren an. Es war paradiesisch, doch das Meer leider noch ein wenig kühl zum Baden.

Von hier aus besuchten wir Bonifacio am südlichen Ende, mit Blick auf Sardinien, und dann sollte die Insel überquert werden. Auf Schotterstraßen ging es in die Berge; Ziel war die bronzezeitliche Siedlung Cucuruzzu in 900 m Höhe beim Ort Levie, auf dem Granitplateau von Pianu in den Alta Rocca.

Die erst in den 50er Jahren entdeckte Wehrsiedlung konnte nur über einen schmalen Pfad betreten werden; große Steinbrocken sicherten den Zugang. Das alles lag eingebettet in eine natürliche Felskulisse – absolute Stille, und kein Mensch weit und breit. Ganz im Bann der grauen Vorzeit, gruselte es Julia auf dem einsamen Weg durch die Macchia und wir gingen rasch zum Wagen zurück.

Zu dieser Stimmung paßte unser nächstes Ziel, die prähistorische Siedlung von Filitosa, wo Menschen der Megalithkultur vor ca. 4.000 Jahren einen Kultplatz unter Verwendung von sogenannten Menhiren, zum Teil mit in Stein gehauenen Gesichtern, erbaut hatten.

Wir verbrachten die Nacht in Korsikas Hauptstadt Ajaccio und am nächsten Tag stand die Straße entlang der Westküste, mit ihren grandiosen Panoramen und den roten Felsen der Calanche, auf dem Programm. Blicke auf tiefe Buchten und himmelhohe Felsformationen wechselten sich ab, und am Mittag hatten wir Porto erreicht.

Was von oben wie weißer Sandstrand aussah, entpuppte sich beim Näherkommen als faustgroße Kieselsteine, und machte wenig Lust aufs Dableiben. Also weiter, immer der kurvenreichen Küstenstraße nach, und als spät am Abend endlich Calvi erreicht war, beschlossen wir, ein paar Tage auszuruhen.

Das war eine gute Entscheidung, denn wir fanden nicht nur einen wunderschönen, menschenleeren Sandstrand, sondern auch ein wenig mondäne Badeort-Atmosphäre auf dem Quai Landry am Yachthafen, der von einer Zitadelle überragt wurde. Es war eine wunderbare, in der Historie verwurzelte Welt, die wir erleben durften.

14

Für Julia war es wohl alles ein wenig zuviel gewesen, denn kaum hatten wir Deutschland wieder erreicht, verschwand sie erst einmal aus meinem Gesichtsfeld. Das allein war es aber nicht; ihre Liebe zu mir, einem geschiedenen Mann, machte der Familie große Sorge.

Zwischen den gläubigen Eltern auf der einen, der ebenso wichtigen Seite, und meinen Erwartungen auf der anderen, wurde sie hin- und hergerissen. Weil ihre Mutter mir mit Nachdruck klar machte, daß ich keine Chance hatte, gab ich auf, dagegen anzukämpfen, und es sah so aus, als sei Schluß mit uns beiden, doch das Schicksal wollte es anders.

Die Trennung in Freundschaft währte vier Wochen, dann wurde unser Liebesbund wieder aktiv mit Folgen, die es nötig machten, an eine baldige Verheiratung zu denken. Das war natürlich ein Grund umzudenken – auch aus elterlicher Sicht, sodaß mir ihre Mutter, wiederum sehr kategorisch, eine Heirat nahelegte. Mir allerdings saß noch der Schock des ersten Versuchs in den Knochen und mit sehr gemischten Gefühlen stimmte ich einer Eheschließung zu in der Hoffnung, daß Kindersegen auch Liebesleben bedeutete.

Nachdem sich nun alles zum Guten gewendet hatte, wurde Hochzeit gehalten und mit einem schönen Fest besiegelt, und trotzdem kam ich nicht zur Ruhe. Zu sehr machten mir innere Konflikte zu schaffen, als daß ich mich ganz meinem Glück hingeben konnte. Meine Haut als „Spiegel der Seele" spielte verrückt und unseren Sohn Philipp konnte ich nach miterlebter, glücklicher Geburt nur mit Schutzhandschuhen auf den Arm nehmen. Doch dann überwog die Freude und mit dem Erfolg im Beruf besserten sich auch unsere wirtschaftlichen Verhältnisse. Als Julia nach dem Jungen übers Jahr auch noch eine Tochter zur Welt bringen sollte, war unser Glück perfekt. Nun waren wir eine richtige Familie und brauchten ein Heim.

Ich erinnerte mich an meine zeichnerischen Fähigkeiten, setzte mich an ein auf dem Küchentisch improvisiertes Reißbrett und plante ein erstes, dann ein wesentlich realistischeres, kleineres Haus und damit konfrontierten wir einen Unternehmer, der es bauen und vorher sagen sollte, was das Ganze kosten würde.

Es zeigte sich, daß die Ersparnisse gerade ausreichten, ein Grundstück zu erwerben und weil der Winter vor der Türe stand, gab es auch ein günstiges Angebot für den Rohbau, vorausgesetzt, das Wetter würde mitspielen. Das tat es!

Bei Lenas Geburt eine Woche vor Weihnachten wurde ich gefordert; der Doktor kam nicht rechtzeitig, die Hebamme band mir eine Schürze um – ich half, so gut ich konnte, das Kind zur Welt zu bringen. Und da Geburtshilfe bekanntlich durstig macht, fand abends das Richtfest statt – wir hatten Grund genug zum Feiern.

EINTRAG INS TAGEBUCH

Auf der Fahrt zur Baustelle scheint es mir, als finge das Leben erst an. Zuhause! Das sind jetzt meine Frau Julia, mein Sohn Philipp – und nun noch eine Tochter. Ich fühle mich wie neugeboren, bin es ja auch in gewissem Sinn, denn mit der Geburt seines Kindes kommt man ja gewissermaßen selbst auf die Welt. Nun ist alles vergessen, der Zukunft alleine gehört der Blick. Das Haus werde ich mit einigen hundert Stunden Eigenleistung fertig bauen, einen Haushalt einrichten und darin leben – und lieben, woran ich wirklich geglaubt, das ich immer erhofft habe.

15

Bei meiner Firma stand eine Beförderung an. Ich sollte mit Erfolg angewandte Strategien auf einer höheren Ebene einsetzen, mit einer beachtlichen Aufstockung des Gehalts, aber dafür wurde eine noch größere Reisebereitschaft erwartet. Da war sie, die Zwickmühle: einerseits Familie und ein Heim, andererseits die Aussicht auf wirtschaftliche Besserstellung mit der Chance einer schnelleren Tilgung der mit dem Hausbau verbundenen Schulden.

Einen vermeintlich günstigeren Vorschlag machte ein mir bekannter Geschäftsmann mit dem Angebot einer Partnerschaft zum Aufbau eines Handelsunternehmens. Dies könnte bedeuten: Arbeiten im heimatlichen Gefilde und abends bei der Familie sein. Und es gab schließlich noch jede Menge Arbeit im und ums Haus. Das gab den Ausschlag – ich entschied mich für die neue Idee.

Eine Firma wurde gegründet, mit mir als Geschäftsführer. Im ersten Jahr entstanden drei Niederlassungen, und als es kontinuierlich wie geplant weitergehen sollte, war die Partnerschaft schon zu Ende. Der „Geschäftsmann" sah nach den Anfangserfolgen keinen Vorteil mehr für sich und stieg aus, mir seine Anteile großzügig überlassend. An eine weitere Expansion war nicht mehr zu denken und ich konnte dankbar sein, für den Torso einen Käufer zu finden, um ohne Schaden aus der Sache herauszukommen.

Allerdings sorgte dieses Engagement auch für eine positive Überraschung. Im Umfeld meiner Geschäftstätigkeit hatte ich mehrere interessante Leute kennengelernt, die über die Erfolge meiner Arbeit informiert waren. Nach ersten Gesprächen bahnte sich die Bildung eines internationalen Konsortiums zur Durchführung eines gemeinsamen Geschäfts auf dem deutschen Markt an. Aus Italien kam eine Idee, die zweite, bedeutendere aus Frankreich und der deutsche Kooperationspartner brachte, ergänzend für das Sortiment, ein weiteres Produkt hinzu – und übernahm Herstellung und Distribution.

Somit war das Programm komplett und wir konnten damit rechnen, mit erheblichen Vorteilen gegenüber der Konkurrenz am Markt zu operieren. Die gesamte Klaviatur des modernen Marketing sollte gespielt werden, alle Beteiligten standen in den Startlöchern, da gab es beim französischen Partner einen bis heute nicht erklärbaren Sinneswandel, der zum sofortigen Abbruch aller Aktivitäten führte.

Nun saß ich in der Klemme; einerseits gab es verbindliche Absprachen, andererseits war ohne die „Leadermarke" aus Frankreich im Handel wenig auszurichten. Es gab eine Konferenz der Beteiligten, bei der das Scheitern des Vorhabens festgestellt und der Schuldige benannt wurde; man war sich einig, daß dies einer Weltfirma nicht würdig sei. Deren verantwortliche Mitarbeiter hüllten sich in Schweigen, verschwanden ohne ein Wort des Bedauerns aus unserem Blickfeld. Wunden wurden geleckt und Schadensbegrenzung war angesagt. Den Anspruch aus den Verpflichtungen der französischen Seite sollte ich errechnen, eine weitere unangenehme Aufgabe, die sich über Monate hinziehen würde.

16

Warum treiben Gewitter immer geradewegs auf mich zu – sie könnten doch auch in Sichtweite vorbeiziehen, während ich im Sessel sitze und gemütlich eine Pfeife Tabak rauche! Die Lage ist ernst und es kann noch schlimmer kommen. Keinen Job, finanzielle Verpflichtungen, die Bank sitzt mir im Nacken, die Geier lauern schon. Ein Freund versucht zu vermitteln; er arrangiert ein Treffen mit einem „Hai", der angeschlagene Unternehmen für ein Butterbrot aufkauft, um dann systematisch die Forderungen einzuklagen. Sein Angebot könnte mich erst mal aus dem Gröbsten befreien, doch ich gebe nicht auf.

Ich erhalte die Adresse eines Anwalts beim Europaparlament in Straßburg. Dieser Tip erweist sich als ein Schritt in die richtige Richtung; man ist bereit, eine Expertise über den Vorgang aus juristischer Sicht anzufertigen, nach deutschem und französischem Recht, wobei der *Code civil* und das BGB sich ziemlich nahe kommen.

Das Ergebnis ist eindeutig: meine Sache sieht gut aus, aber es wird Zeit und Geld kosten, den Rechtsanspruch durchzusetzen. Mit einiger Mühe kann ich die erste Rechnung bezahlen, dann ist die Kasse leer.

Die Presse ist sich einig: zu hoch gepokert – und tief gefallen. Der Redakteur einer Fachjournaille ruft mich an und meint, entweder erzähle ich ihm was war, oder er schreibt, was man so über den Vorgang hört. Ich lege den Hörer auf.

Mit dem 40-seitigen Dossier gehe ich hausieren oder – wie Großvater sagen würde – von Pontius zu Pilatus. Alle nicken, doch handeln tut niemand. Das Papier ist in deutsch gefaßt und muß von kompetenter Seite ins französische übersetzt werden. Wieder hilft ein Freund; seine Geliebte ist Französin und sie beginnt mit der *Traduction*, wie sie sagt, und benötigt für das Gesamtwerk fast zwei Monate.

Inzwischen habe ich mich informiert; es gibt auch in Frankreich Armenanwälte. Häßliche Erinnerungen werden geweckt, doch es gibt keinen anderen Weg. Die Kammer benennt eine Adresse in Dijon, der Sitz des für die *Côte d'Or* zuständigen Gerichts, einer Landschaft in Burgund.

Was nun kommt, ist eigentlich viel zu traurig für dieses wunderbare Weingebiet, kommt mir in den Sinn, als wir an einem kalten Wintermorgen in Dijon ankommen. Das Büro liegt auf der 3. Etage eines Mietshauses; es besteht aus einem kleinen Raum mit einem Schreibtisch in der Mitte und zwei Stühlen davor. Als wir uns setzen, verschwindet der Advokat hinter hohen Aktenbergen, die vor ihm liegen. Er spricht kein Wort deutsch; meine Begleiterin schildert unser Anliegen und übergibt die von ihr übersetzte Anklageschrift. Ein kurzer Blick hinein und – wir sind entlassen.

Ich habe verstanden, daß er den Vorgang erst studieren muß, bevor er aktiv wird. Das kann dauern, denke ich, doch es geht schneller als erwartet. Mit einem Armenanwalt hatte die Gegenseite wohl nicht gerechnet – dieses Signal zeigt Wirkung, und bereits nach vier Wochen liegt ein Vergleichsvorschlag auf dem Tisch. Der sechsstellige Betrag kann mich einigermaßen zufriedenstellen und ich stimme zu.

EINTRAG INS TAGEBUCH

Man hat mir mein Spielzeug weggenommen. Ich gestehe, diese Art Geschäfte zu machen, liegt mir – nicht zuletzt deshalb, weil sie mit Reisen verbunden ist.

Und ich registriere neue, sinnliche Wahrnehmungen; zu dem Aroma des Meeres kommen die unverwechselbaren Gerüche der Bahnhöfe von Milano und Paris, die exklusiven Restaurants in direkter Nachbarschaft zum Mailänder Dom, dem Quartier Latin etc. etc... Merde!

Wer nichts tut, macht – zumindest – keine Fehler. Will ich eine Lehre aus den nun hinter mir liegenden Mißerfolgen ziehen, komme ich zu dem Schluß:

Wenn man seinen Beruf nicht nur als reine Pflichtübung sieht, sondern den eigenen Weg dabei im Auge behalten will, müssen Risiken eingegangen werden. Voraussetzung ist jedoch, sich selbst und seine Partner incl. Umfeld richtig einzuschätzen. Insofern haben solche Jobs etwas mit Diplomatie zu tun: erkennen Sie die Schwachstellen bei Leuten in Schlüsselpositionen, analysieren Sie deren Verhalten und registrieren Sie die Punkte, an denen Sie Ihre eigene Strategie aufhängen. Daß dies nicht unbedingt immer ein fachliches Kriterium sein muß, zeigt das folgende Beispiel.

Der Geschäftsführer eines Partnerunternehmens regierte als absoluter Herrscher in seinem Betrieb. Seine Rückenstärke resultierte aus seiner Vergangenheit – er war dekorierter Panzeroffizier in einer Eliteeinheit gewesen – und jede Sitzung geriet zu einer Darstellung erlebter Schlachten. Meine Einstellung gegenüber allem Militärischen kennen Sie; immer früher verließ ich seine Umgebung, wohl wissend, daß dies nicht günstig war für die Umsetzung meiner vorgegebenen Ziele. Bei einem Arbeitsessen erfuhr ich seine „Schwachstelle": er mochte absolut keinen Fisch.

Kurze Zeit später gab es einen festlichen Anlaß, zu dem alle mir zugeordneten Unternehmen ihre leitenden Mitarbeiter sandten; so auch unser Panzerführer, der keine Miene verzog, als er die hübsch gedruckte Speisenfolge las. Sie kündigte als Vorspeise einen Scampi-Cocktail an. In der Küche hatte ich den Auftrag gegeben, besagtem Herrn an Tisch 2 im gleichen Service einen Geflügelsalat anzurichten, der genau so aussah wie alle anderen Cocktails. Ein diskreter Hinweis an seine Adresse quittierte er mit einem Nicken.

Als es Tage später um Budgetplanungen für das nächste Jahr ging, ordnete er zum Erstaunen des gesamten Managements an, alle Positionen ausschließlich mit mir abzustimmen und sie ihm dann zur Absegnung vorzulegen.

Diesmal hatte ich gewonnen!

17

Wen wundert's – kaum war das „Unwetter" vorbei, kamen schon wieder die ersten Reisewünsche auf den Tisch. Korsika mit den Kindern war keine schlechte Idee und schon bald rutschten wir mit dem größten Vergnügen auf nackten Hintern eine ausgewaschene Bachrinne hinunter, bevor wir das Haute-Asco-Tal bis zum Monte Cinto und damit die höchste Erhebung Korsikas entdeckten und ein Stück weit auf dem Fernwanderweg GR 20 durch den Korsischen Nationalpark wanderten. Im Jahr darauf tummelten wir uns am Atlantik, südlich der Großen Düne, und fuhren mit einem Riesentandem für fünf Personen durch Arcachon.

In den Oster- und Pfingstferien standen kürzere Reisen auf dem Programm; in die Toskana ging's und auf dem Weg nach Rom entdeckten wir den Trasimenischen See. Fast immer waren unsere Ziele irgendwie mit dem Meer verknüpft, so auch Elba, wo wir (im Gegensatz zu unseren Zeltferien) einen sehr seriösen Ferienhausurlaub verbrachten.

Hiervon mußte ich mich noch im Herbst auf einer improvisierten Griechenland-Reise erholen und damit sollte eine neue Liebe in unser Leben treten.

Im nächsten Sommer, so erklärte ich nach dem Schnupperaufenthalt auf der Peloponnes und einem

Stadtbummel in Athen, werdet ihr Griechenland kennenlernen. Wir fahren durch Jugoslawien, an der Küste entlang bis Dubrovnik, dann zur *Via Egnatia* beim Ochridsee und folgen ihr bis Griechenland, baden im Meer um Chalkidiki und machen einen Ausflug nach Pella und den Meteoraklöstern, bevor wir mit dem Schiff von Igoumenitsa nach Ancona in Italien und weiter zurück nach Deutschland fahren.

Das gab bei den Kindern ein Hallo, und später ließ sich Julia auch von der Begeisterung anstecken. An der Adriaküste gab's noch jede Menge Touristen, aber als wir in die Berge Montenegros kamen, waren wir fast die einzigen. Wir aßen die besten Forellen unseres Lebens in Ochrid und entlang der alten Römerstraße ging es über Bitola und Edessa nach Thessaloniki.

Dort entschieden wir uns für Sithonia, die mittlere der drei Chalkidiki-Halbinseln, landeten nach zehn Kilometern Staubstraße auf einem kleinen, familiär geführten Platz am wunderbar blauen Meer, und fühlten uns sofort wie zu Hause.

Für die nächsten Jahre wurde es unser erklärtes Ziel, zuerst einmal zu Stavros zum Ausruhen und Boot fahren und Fischen und Baden, und danach – mit dem Lexikon der historischen Stätten Griechenlands unterm Arm – der sogenannte Kulturteil mit Zielen auf dem Festland und den Inseln.

Nach Pella, dem Geburtsort Alexanders, folgte das Orakel von Delphi; im nächsten Jahr eroberten wir die Akropolis von Athen, hörten die berühmte Akustik im Theater von Epidavros, besuchten Schliemann in Mykene und zu guter Letzt liefen die Kinder das berühmte „Stadion", die rund 180 m der antiken Laufstrecke in Olympia.

Die Inselausflüge wurden bald *ad acta* gelegt, denn nach Evia stand Delos auf dem Programm. Die kleine Insel, frühes Artemis-Heiligtum und nach Homer Geburtsort von Apollon, war in der griechischen Geschichte kultureller Mittelpunkt der gesamten Ägäis.

Die Ausgrabungen rund um den Heiligen See sollten heute noch erkennen lassen, welche Bedeutung diese Stadt zur Zeit des delisch-attischen Seebundes hatte. Um die Löwenstraße zu sehen, mußten wir von Mykonos mit dem Boot übersetzen; war die Hinfahrt schon eine schwankende Sache, so geriet die Rückfahrt zum Albtraum der meisten Passagiere.

Wir setzten uns mittschiffs, und ich gab die Losung aus, daß der Kapitän seit vielen Jahren diese Strecke fuhr und solange er ruhig am Steuer stehe, gebe es keinen Anlaß zur Besorgnis.

Der Bug des Schiffs zeigte abwechselnd in den blauen Himmel und in die vor uns liegenden Wellentäler, und zu allem Überfluß sprang durch den Druck des

Meeres auch noch ein Bullauge auf, doch nur wenig Wasser drängte rein, dann war es wieder zu.

Es blieb spannend, bis wir in den windgeschützten Hafen einfuhren und Julia, die sich bis dahin sehr tapfer zeigte, umgehend wieder zurück aufs Festland wollte.

EINTRAG INS TAGEBUCH

Der griechische Shipchandler hat Julia noch in ihrer Abneigung gegen alles Maritime unterstützt. Er machte auf seiner Hochzeitsreise eine Schiffstour nach Delos und sein Fazit „einmal Delos und nie mehr wieder" paßt zu den Gedanken meiner Frau. Ich jedoch bin auf See in meinem Element. Kritisch wurde es erst, als die Matrosen anfingen, die Bänke mit Seilen anzubinden.

Das sah einerseits nach Routine aus, war andererseits aber auch das Signal zu einiger Panik. Vor allem bei den an Bord befindlichen Frauen drang der Angstschweiß durch die Blusen, die Männer wedelten ihnen frische Luft zu.

Ich hatte versucht, meine Bande abzulenken, und als ein Offshore-Boot gleich einem Fliegenden Holländer durch die inzwischen meterhohen Wellen an uns vorbei pflügte, löste die Begeisterung darüber ihre Beklemmung.

18

An ein Verbleiben in der Szene, in der ich bis jetzt gearbeitet habe und in der mich viele Leute kennen, ist nicht zu denken; Fragen über Fragen hätte ich zu beantworten, einem Spießrutenlaufen gleich.

Während ich noch überlege, was zu tun ist, passiert schon was. Ein Personalagent, kurz „Headhunter" genannt, hat in der Fachpresse den Vorgang verfolgt, fragt höflich an, ob ich schon wisse, wie es weitergehen soll – und erwähnt beiläufig, vielleicht habe er etwas für mich. Ein ausländischer Klient suche für seine Produktpalette einen Verantwortlichen für den deutschen Handel.

Das ist identisch mit meiner bisherigen Tätigkeit, allerdings ist die Branche neu für mich. Wir verabreden ein Treffen mit dem Geschäftsführer des Unternehmens; das gegenseitige persönliche Kennenlernen verläuft positiv und nach Abstimmung der individuellen Wünsche werden wir uns einig, und: ich behalte meine Selbständigkeit.

Auch wenn ich mich von meinen bisherigen, langjährigen Weggefährten verabschieden muß – es ist notwendig für den Erhalt unseres Zuhauses, ganz schnell wieder in Arbeit und Brot zu kommen.

Der Start sah wieder eine Einarbeitung vor, bei der ich Kollegen und Kunden gleichermaßen schätzen lernte – es war eine wesentlich anspruchsvollere Klientel als in der Vergangenheit – und die Notwendigkeit eines breiteren Wissens sorgte für frische Ideen.

Von mir entwickelte Steuermechanismen im Vertrieb brachten schnell Vorteile und führten zu Kontakten mit weiteren interessierten Unternehmungen, so daß ich innerhalb von drei Jahren wieder auf meinem vorherigen Einkommensniveau lag, das mittelfristig noch steigerungsfähig sein konnte.

Meine Familie hatte in den letzten Jahren sehr unter den Wechselbädern von Erfolg und Mißerfolg zu leiden gehabt. Es wurde Zeit, mich frei zu machen vom übermäßigen Unterwegssein; ich fand einen jungen Kollegen als Partner für den Außendienst und konnte dadurch einen Großteil meiner Arbeit von zu Hause aus erledigen.

Die damit geschaffenen zeitlichen Freiräume sollten Frau und Kindern zugute kommen. Julia hatte zunehmend Schwierigkeiten mit mir im Kontext mit ihrer eigenen Persönlichkeit; irgend etwas blockierte ihr Innerstes, das den Kindern alles schenkte, während es mich mehr und mehr ausgrenzte.

Dies zeigte sich insbesondere bei unseren Reisen, welche für sie zu Horrorvorstellungen wurden, und als dann gar die Rede von einem zweiten Wohnsitz in Griechenland war, setzte die Blockade bei ihr ein.

In dem Maße, wie die Zuneigung schwand, machte sich erneut Zwiespalt bei ihr breit, bis hin zu Ratsuche bei Ärzten und Therapeuten.

Es ist so – nur ein freies Herz ist zur Liebe fähig.

EINTRAG INS TAGEBUCH

Sie sucht bei immer neuen Gesprächspartnern die Frage zu lösen, was denn wohl nicht richtig bei ihr sei.

Sie ist nicht wirklich da für mich, hält Abstand, immer bereit, jedem, der etwas Negatives über mich zu erzählen weiß, in ihrem Innern recht zu geben – ihre eigene Einstellung bestätigt zu finden.

Sie liegt neben mir; ich strecke die Hand aus, will sie berühren, doch ich habe Hemmungen.

Irgend etwas stimmt nicht mehr. Darüber müssen wir reden.

19

Heute kann ich sagen, es war eine Entscheidung, die zu mir gehörte wie alles, was bis dato passiert war. Ich sah eine Oase als Fata Morgana – und mich erwartete das Fegefeuer. Vielleicht war es auch das, was ich nach der Lektüre des Buches von Richard Bach den Möwe-Jonathan-Effekt nenne.

Doch der Reihe nach ...

Ein griechischer Kapitän hat sein Vermögen in Immobilien angelegt; er wird routinemäßig vom Arzt untersucht, danach geht er nicht mehr so fröhlich auf Ostasienfahrt – es wird seine letzte sein. Alter und Gesundheitszustand machen es notwendig, aufzuhören.

Um seinen Lebensabend muß er sich wenig Sorgen machen; wenn er die Immobilien verkauft, geht's ihm gut. Eine davon – sein bisheriges Sommerhaus – liegt auf dem östlichen Finger der Peloponnes, der Argolis, unweit von Epidavros entfernt, ein geschichtsträchtiger Boden.

Auf welchen Wegen ich davon erfahre, weiß ich nicht mehr so genau. Jedenfalls passiert es just in dem Moment, wo ich mit meinem Traum vom Leben in Griechenland schwanger gehe. Es kommt zu einer ersten Besichtigung; in einem Olivenhain liegt es wie ein schneeweißes Märchenschloß, mit Bogenfenstern im Obergeschoß und Blick aufs Meer, das auch Kreta umspült.

Der Preis wird genannt, utopisch für mich, was kaum ausgesprochen bereits zu einer ersten Korrektur nach unten führt. Das signalisiert Spielraum und ich bitte um Bedenkzeit.

Während ich noch unschlüssig das Für und Wider abwäge, beginnt etwas in mir zu rechnen. Ein gutes Ergebnis bei den zu erwartenden Geschäften könnte die eine Hälfte bringen – und für den Rest gibt es Banken.

Als sich der Gewinn bestätigt, gebe ich mein „letztes" Angebot ab, das um ein Fünftel niedriger liegt als der verlangte Betrag – und erhalte den Zuschlag. Jetzt ruhig bleiben, sage ich mir; noch einmal alles durchrechnen, dann zusammen mit einem Anwalt die rechtliche Seite prüfen.

Der Kaufvertrag steht, mit identischem Text in Griechisch und Deutsch. Nochmals einen Ortstermin, bei dem ich meine zukünftigen Nachbarn kennen lerne, nette Athener in meinem Alter, die mich zum gemeinsamen, fröhlichen Essen einladen – es gibt selbstgefangenen Fisch und hausgekelterten Krasi. Griechischer Wein beflügelt meine Sinne und dann wird der Notartermin bestimmt.

Träume, flüstert eine Stimme in mir, sollten nie in Erfüllung gehen. Aber du kannst auch nicht dein Leben lang hinter ihnen herlaufen, sagt die andere.

Entweder – oder! Ich will es wissen, sonst komme ich nicht zur Ruhe.

Es ist, als treibe ich unaufhaltsam auf etwas zu, das sich nur so und auf diese Art erfüllen läßt.

Wir treffen uns Punkt 12 Uhr am Eingang zur Akropolis; der Anwalt, der gleichzeitig als Dolmetscher fungiert, ist schon da. *High Noon*, sage ich, und weiß nicht, ob er mich verstanden hat. Am Rande der Plaka, der Athener Altstadt, liegt das Büro des Notars und ich bin überrascht, einer bemerkenswert schönen Frau gegenüber zu sitzen.

Die Dokumente werden verteilt, einige Angaben ergänzt – sie möchte die Vornamen von Vater und Großvater wissen – dann erfolgt diskret die Übergabe des Kaufpreises und es wundert mich nicht, daß der offizielle Betrag um einiges niedriger genannt ist.

Die Verträge werden unterschrieben, man steht auf und gratuliert mir zum Haus- und Grundbesitz. Ich möchte den Anwalt bitten, mich nicht aus diesem Traum aufzuwecken, da stehen wir schon an einer Imbißbude und essen Gyros mit Pitta.

Träumen macht hungrig und die richtige Feier soll später bei mir zu Hause stattfinden.

Zuhause, denke ich noch, ist doch woanders, oder?

20

Wo soll ich beginnen mit meinem Bericht über die Inbesitznahme des Hauses. Die Frau des Kapitäns nahm sich ein paar Tage Zeit, mir alles zu zeigen, und zu erklären, wie die Wasserversorgung inklusive der automatischen Bewässerung des Gartens funktionierte.

Da gab es einen Brunnen, dessen Pumpe von Hand eingeschaltet werden mußte. Lief der Hochbehälter über, dann konnte abgeschaltet werden, und ich nahm mir vor, dies umgehend über einen Schwimmerschalter automatisch zu steuern.

Die Olivenbäume waren einige Jahre ziemlich vernachlässigt worden. Als ich dies gegenüber dem Wirt meiner Lieblingstaverne, wo auf der Terrasse am Hafen fast alle Gespräche stattfanden, anklingen ließ, meinte Jorgo, das sei kein Problem und kündigte mir den Besuch seines Vaters an.

Der ließ auch nicht lange auf sich warten, brachte einen ebenso alten Gehilfen mit und dann stieg er mit seinen 82 Jahren auf die Leiter, als sei es das Alltäglichste von der Welt. Ich erfuhr vieles über das Beschneiden der Bäume, das in Griechenland anders als in Italien oder Spanien abläuft: erst werden einige dicke Äste ausgewählt, von denen wiederum mehrere weniger starke abzweigen, und so weiter.

Der Rest wird ausgedünnt, so daß es am Ende wirkt wie

viele alleinstehende Wedel. In drei Tagen waren alle Bäume beschnitten und das sollte, so wurde mir versichert, für die nächsten Jahre genügen.

Mein Anteil am Erfolg wurde ebenfalls gewürdigt; ich hatte die Küche in der auf vielen Reisen erprobten Nomadenart (d.h. begrenzte Auswahl an Zutaten!) übernommen, um sie als meine Gäste zu bewirten, und das schien auch den griechischen Gaumen geschmeckt zu haben.

Hier eine kleine Kostprobe:
Eine frische Hühnerbrust von mind. 700 Gramm mit Pfeffer und Salz – auf der Hautseite zusätzlich mit scharfem Paprika – gut einreiben und in heißer Sonnenblumen-Margarine anbraten; geviertelte Zwiebel dazu anrösten und mit Wasser ablöschen; Brühwürfel dazugeben, Deckel drauf und ca. eine Stunde bei kleiner Flamme und häufigem Wenden schmoren. Inzwischen ein halbes Pfund Makkaroni (mit denen bekommt man die köstliche Sauce am besten auf die Gabel!) in kochendes Salzwasser, ein Tröpfchen Öl dazugeben. Das Hühnchen ist gar, wenn sich die Filets leicht vom Knochen lösen lassen. Aus der Pfanne nehmen, warm stellen und in den Sud zwei Eßlöffel Frischkäse geben, verrühren und das Fleisch dazugeben. Fünf Minuten ziehen lassen, die Filets auf Tellern anrichten und mit Sauce übergießen.

Dazu gut gekühlten, trockenen Rosé.

Ich weiß nicht, wieso mir gerade beim Filetieren der Hühnerbrust die folgende Geschichte in den Sinn kam. Ein Bauer fand beim Holzschlagen im Wald ein Vogelei; er nahm es mit, legte es in das Nest einer brütenden Henne – und was ausschlüpfte, war statt eines Hühnchens ein kleiner Adler.

Er wuchs zusammen mit den Küken auf und übernahm wie selbstverständlich die Gewohnheiten des Geflügelhofs. Eines Tages sah er über sich am Himmel einen großen Vogel. „Was ist das?", fragte er neugierig und erhielt die Antwort, das sei ein Adler auf der Suche nach Beute. Wieder ging sein Blick nach oben und ein Schauer durchlief seinen Körper.

Er schüttelte sich, dann begannen seine Flügel zu schlagen, erst langsam und ungewohnt, dann immer schneller und plötzlich löste sich aus seiner Kehle ein Schrei – der Ruf eines Adlers. Nach allem, was ich in den letzten Wochen erlebt hatte, war mir auch nach einem solchen Urschrei zumute.

Abends saßen wir auf der Veranda, tranken noch mehr griechischen Wein und genossen die Stille, untermalt von einzelnen Vogelstimmen und dem fernen Rauschen der Brandung. Ein paar Fragen und Antworten gingen hin und her, doch für ein richtiges Gespräch reichten meine Griechischkenntnisse nicht aus. Und – ich hatte Schwierigkeiten mit der griechischen Schrift.

Warum ist ein P ein r, ein H ein i, ein M mal m, dann wieder s, ein B ein v, und ein X einmal kh, dann ks? Die Alten Griechen behaupten, daß Kadmos, Sohn des phönikischen Königs Agenor, ihnen die Buchstabenschrift gebracht habe.

Wenn Linear-B ein frühes Griechisch ist, aus dem Phönizischen entlehnt, dieses wiederum vom Hebräischen und Aramäischen beeinflußt, dann handelt es sich dabei auch um die Geburtsstunde unseres Alphabets.

Vielleicht konnte ich auf meinen Reisen, die nun folgen sollten, dem Geheimnis der Schrift ein wenig näher kommen.

EINTRAG INS TAGEBUCH

Es gilt, mir zuhause in Deutschland Freiraum zu schaffen; beruflich dürfte es keine Probleme geben, mein Kollege hat sein Geschäft gut im Griff – und die Familie kennt meine Leidenschaft. Und Julia?

Nun, da die Kinder beginnen, ihre eigenen Wege zu gehen, wäre es an der Zeit, unsere Beziehung neu zu fassen, doch wir sind beide sprachlos, außerstande, über unsere Probleme zu sprechen.

Meine Interessen sind mit ihren nicht identisch; da wo ich Vergnügen finde, verspürt sie Abneigung. Sie weiß, unsere Freude an der Liebe hält uns zusammen, und das genügt nun nicht mehr.

Dem Liebesentzug folgt die Entfremdung.

21

Diese Landschaft steckt voller Geheimnisse, inspiriert, die Gedanken wandern. Die Geschichte Europas beginnt hier. Schauen Sie auf die Landkarte des östlichen Mittelmeeres, suchen Sie Griechenland, die Peloponnes, im Süden vorgelagert die Insel Kreta und noch weiter südlich, jenseits des Lybischen Meeres, Afrika.

Hier nimmt ein Teil unserer Kultur ihren Anfang; ohne Ägypten keine Minoischen Paläste, keine Mykenischen Burgen in der Argolis. Was die Dorer daraus machten, kam viel später. Doch die Spuren gehen weiter.

Wir folgen dem Alten Testament und gelangen über Palästina nach Syrien, weiter östlich das Zweistromland, zwischen Euphrat und Tigris. Dort – so haben wir gelernt – liegt der Ursprung unserer Zivilisation; im „Fruchtbaren Halbmond" wurden vor achttausend Jahren die ersten Felder bestellt, entstand die erste Schrift.

Meine Entscheidung ist gefallen: von hier aus werde ich starten und das alles entdecken. Der „Adler" beginnt zu fliegen!

Die Spur führt zuerst nach Kreta. Bei dieser Reise möchte ich einiges von den Minos-Palästen in Knossós, Gournia, Gortis und Festos kennenlernen. Die Fähre bringt mich von Gythio nach Kastélli Kissámou im Westen der Insel und bevor ich Iráklion erreiche, besuche ich die sehenswerte Altstadt von Réthimnon, zur Einstimmung auf Kreta genau das Richtige. Türkische und venezianische Bauten, Moscheen, Minarette, Kuppeldächer wechseln sich ab mit Portalen und Torbögen aus der Zeit, als Venedig hier das Sagen hatte. Am stimmungsvollen Fischerhafen erhole ich mich erst einmal und lasse es mir schmecken.

Nun kann ich unmöglich alles aufzählen, was mir an kretischer Geschichte begegnet, doch an ein, zwei herausragenden Eindrücken möchte ich Sie teilhaben lassen. Am Beginn steht der von Arthur Evans ausgegrabene Große Palast von Knossós; seine Rekonstruktionsversuche mittels Beton sind umstritten, machen aber den Besuch zu einem visuellen Erlebnis, schaut man doch in eine Zeit, die mehr als viertausend Jahre zurückliegt.

Was in den unzähligen Sälen und Kammern auf mehreren Etagen gefunden wurde, liegt heute teilweise in Athen, doch das meiste wird im archäologischen Museum in Kretas Hauptstadt gezeigt.

Dort brauche ich einen ganzen Tag, um das Schönste zu entdecken: die geheimnisvolle Schlangengöttin, den Stierspringer, und Doppeläxte ebenso wie Tontafeln mit der Linear B-Schrift, erst in unseren Tagen entziffert.

Nicht gedeutet sind dagegen die Zeichen auf dem sogenannten Diskos von Festós, von dem ich eine Miniatur in Gold erwerbe, um Julia eine Freude zu machen. Sie verschwand später ebenso wie unsere gemeinsame Freude.

Beim nächsten Kretabesuch sehe ich die tausend Windmühlen auf der Lassithi-Hochebene, vor der Kulisse des Dikte.

Es ist Herbst, die Windräder ohne Segel und die Straßen frei von Touristen. Jetzt ziehen Rauchschwaden der Raki-Feuer über das Land, bieten die kretischen Bauern dem willkommenen Gast ringförmige Brote und köstliche kleine Oliven in Öl.

Und sie erzählen die Sage vom kinderverschlingenden Kronos – eine bemerkenswerte Analogie des Zeitbegriffs – und seinem Sohn Zeus, den Rhea in der Höhle von Psychron zur Welt brachte.

Das alles, so glaubte man in der Antike, geschah auf Kreta und nun weiß ich schon ein wenig mehr über die frühen Kulturen und ihrem großen Einfluß auf unsere Geschichte.

> *„Es ist völlig einerlei, ob ich Schreiberling oder Vagabund*
> *auf der Straße bin; es ist alles völlig einerlei, bis auf das:*
> *daß ich Leben in mir spüre, sei's auf der Zunge oder*
> *in den Sohlen, daß meine Seele beweglich sei."*
> Hermann Hesse

Reise nach Mesopotamien

22

Jetzt steht der Plan: mit der Fähre vom Piräus nach Samos, von dort mit dem Boot in die Türkei. Das ist trotz türkisch-griechischer Problematik möglich, hat man mir erzählt.

Doch diese Reise verlangt einige Vorbereitungen; ein Visum für Syrien muß beantragt werden, wenn ich ins Zweistromland will. Kein Problem, sagt mir die freundliche Botschaftsangestellte, und nach vier Wochen habe ich den notwendigen Eintrag in meinem Reisepaß.

Die Auskünfte zur Lage im Grenzgebiet zu Irak und der Türkei sind, was das Gebiet der Kurden angeht, nicht günstig. Man rät von Individualreisen ab und so werde ich Syrien bei Tell Halaf in Richtung Diyarbarkir verlassen. Mich begleitet der Redakteur eines Reisemagazins – bis Damaskus wollen wir zusammen bleiben. Das ist mir recht, denn auch im Grenzgebiet zwischen der Türkei und Syrien einerseits und dem Libanon andererseits rumort es ständig.

Und dann geht's los; das kleine Schiff, das uns von Samos nach Kusadasi bringt, sorgt gleich fürs erste Abenteuer. Im Hafen gibt es keine Rampe, zwei Bohlen werden unter meine Vorderreifen gelegt, ich fahre langsam darauf, abwartend, bis diese wie ein Waagebalken nach unten zeigen und ich runterrollen kann.

Auf dem Weg in den Nahen Osten besuchen wir Catal Hüyük, eine der ersten Städte der Menschheitsgeschichte. Das Ausgrabungsgelände liegt auf der Hochebene Anatoliens, südlich von Konya, und es war wohl vor 8.000 Jahren – im Übergang von der Jagd- zur seßhaften Erntekultur – die größte bisher gefundene Siedlung mit vielleicht achttausend Einwohnern.

Es bedarf einiger Fantasie, sich unter den Löchern im Boden Wohnungen für Menschen vorzustellen; zum besseren Verständnis hat man Rekonstruktionspläne ausgestellt. In wabenähnlichen Häusern, vom Dach her über eine Leiter zu betreten, fanden sich gut erhaltene Gerätschaften und Wandmalereien. Daneben gab es zahlreiche, meist weibliche Tonfiguren, Göttinnen darstellend, und Stempelsiegel mit geometrischen Mustern, jedoch kein Nachweis für eine Schrift.

Wenn es nach dem uns begleitenden türkischen Führer geht, folgten die Bewohner noch der natürlichen Lebensweise der ersten Menschen, die – wie er erklärte – in der Beziehung untereinander nur Mutter und Geschwister, „den" Vater jedoch noch nicht kannten.

Das kann ich nicht glauben; bei den Grabungen fand man eine kleine Plastik mit der Darstellung zweier sich umarmender Menschen und einer Frau mit einem Kind auf dem Arm – ein frühes Kompendium zur Förderung der Population?

Der Mensch in einer Zeitspanne von zehntausend Jahren – es gibt auch in unserem Jahrhundert noch Dörfer, in denen ähnliche Lebensverhältnisse herrschen. Mein Weggefährte und ich sind uns einig: es war gut, sich diese Siedlung anzuschauen.

Doch nun geht es weiter auf der Straße in Richtung Adana; die lärmende und ziemlich übel riechende Industriestadt holt uns auf den Boden der Realität zurück und wir sind bestrebt, ihren Dunstkreis so schnell wie möglich zu verlassen.

Es war unsere Absicht, den Schauplatz der Schlacht zwischen den Griechen unter Alexander dem Großen und Dareios III. mit seinen Persern zu sehen; 333, so hatten wir gelernt, bei Issos Keilerei, doch fanden wir weder einen Ort gleichen Namens noch eine Hinweistafel.

Also weiter, nach Antakya, dem biblischen Antiochia am Orontes, das in der Geschichte des Christentums eine wichtige Rolle einnimmt. Die Stadt muß zur damaligen Zeit außerordentlich groß gewesen sein; eine halbe Million Menschen sollen hier gelebt haben. Ihre Schönheit wird gerühmt, und auch ihre vortreffliche Lage inmitten fruchtbarer Weingärten und reicher Felder.

Wir konzentrierten unser Interesse auf die Altstadt und fanden am Abend in den schmalen Gassen einen mittelalterlichen Markt, wie wir ihn bis jetzt noch nicht gesehen hatten. Hier war die Zeit wirklich stehen geblieben.

Am nächsten Morgen ging es zur türkisch/syrischen Grenze; die Straße dahin glich einem Weg ins Niemandsland und nach einigen Kilometern erreichten wir das Zollgebäude. Auf dem Vorplatz standen Lastwagen und als ein Mann uns auf deutsch ansprach, nahmen wir an, es sei einer der Fahrer. Doch dann begriffen wir, was er wirklich wollte: er war Syrer und bot seine Dienste als Reiseführer an, natürlich gegen Bezahlung. Alle Sehenswürdigkeiten in und um Aleppo seien ihm bestens bekannt und die fünfzig Mark, die er verlangte, schien uns die Sache wert.

Das war eine gute Entscheidung, denn kaum waren wir uns einig, nahm er unsere Ausweise, ging in das Zollbüro, erklärte gestenreich, stempelte die von uns ausgefüllten Papiere selbst – und der Beamte schaute zu. Dann winkte er uns, wir könnten fahren, sprang auf den Beifahrersitz und schon waren wir in Syrien. Sein Name sei Samir, legte er los, erklärte uns kurz seinen Plan für den heutigen Tag, und morgen sei Aleppo dran. Am Nachmittag will er uns sein Haus zeigen und seiner Mutter vorstellen. Doch zuvor müßten wir nach Qualb Lhose, meint er, denn da wollten alle Touristen hin.

Wir wußten, daß es sich dabei um eine frühchristliche Kirche aus dem 4. Jh. handelt, abseits am Djebel Barisha gelegen. Wir überredeten ihn, erst einmal zu frühstücken und fanden einen Platz neben einem Grabmal mit zwei antiken Säulen darauf.

Dann ging es durch das Gebiet der Toten Städte auf immer schmaler werdenden Straßen zu einem Dorf, in dem Drusen lebten. Mitten drin standen die Türme der Kirchenruine und auf dem Weg dorthin begleiteten uns bettelnde Kinder, für die ich Kaugummi parat hatte; Samir hielt uns davon ab, Geld zu geben.

Von der Basilika stand ein Großteil der wuchtigen Fassade, Reste der Seitenwände, die Weitarkaden des Mittelschiffs und die ebenso massige Apsis – dazwischen ein strahlend blauer Himmel. Der Kirchenraum war übersät mit Bruchstücken von Decke, Säulen und Kapitellen – ein trostloser Anblick für einen Freund romanischer Kirchenbauten.

Auf dem Rückweg mußten wir uns sehr beeilen, denn schon flogen die ersten Steine – man war unzufrieden mit unseren Gaben. Samirs Vorschlag, jetzt noch Deir Seman und das Simeonskloster zu besuchen, gefiel uns nicht so – wir wollten nach Aleppo. Deshalb einigten wir uns darauf, Ausflüge zu historischen Stätten auf die wesentlichen zu beschränken, ansonsten unser durch das Visum befristeter Zeitplan nicht einzuhalten wäre.

Auf dem Weg zum Haus seiner Familie kamen wir an einer alten Römerstraße vorbei; wir hielten und liefen ein Stück auf den gut erhaltenen Steinplatten, in denen die Räder der Wagen Spurrillen eingegraben hatten.

Das Dorf lag außerhalb von Aleppo, in ländlicher Umgebung. Seine Mutter begrüßte uns wie alte Freunde; wir wurden auf einen großen Diwan gebeten, dann gab es Tee. Samir erzählte von seiner langjährigen Militärzeit im Libanon und zeigte voller Stolz seinen privaten Schrank, die untere Hälfte gefüllt mit Zigaretten, darüber stapelweise mehr oder weniger delikate Journale – und oben drauf ein Tavla.

Der Griechen liebstes Spiel, Tavli, war auch mir gut bekannt. Er erklärte mir die syrische Variante bei der Aufstellung der Spielsteine, ich forderte ihn heraus – und gewann mehrmals. Da ich nicht genau einschätzen konnte, ob dies der erwarteten Gastrolle entsprach, verlor ich anschließend und der Hausfrieden war gerettet. Danach zeigte er uns noch das Frauenhaus, am Fenster winkte die seine uns zu, mit einem Kind auf dem Arm, und dann machten wir uns auf den Weg nach Aleppo.

23

Einen besseren Start für unseren Aufenthalt in Syrien hätten wir uns nicht wünschen können. Bereits am frühen Morgen zog es uns in die kilometerlange Marktstraße unterhalb der Zitadelle – für mich der schönste Suq der Welt: überdacht von Gewölben, durch die das Licht einfällt, und flankiert von Läden, in denen Waren auf dem Boden liegen, sich an den Seitenwänden stapeln.

In jedem Geschäft, das eine Fläche von kaum mehr als drei mal drei Meter einnimmt, sitzt auf einem Schemel oder auch nur auf seinen Fersen der Händler in würdiger Haltung, trinkt Chai oder Kaffee, raucht, zählt, mißt oder feilscht mit einem Käufer um den Preis von Tüchern, Stoffen und Kleidern, Schmuck aus Gold und Silber, Henna in Säcken – und Gewürzen, die eine wundervolle Mischung von Gerüchen ausströmen.

Den Weg zwischen den Geschäften verstopfen die Menschen, und während sich die Menge mit bemerkenswerter Geschicklichkeit voranbewegt, meidet sie die Stöße der lasttragenden Esel oder auch dreirädrigen Lieferwagen, die in den engen Gäßchen auftauchen. Alles schiebt, drängt, drückt sich – es liegt eine faszinierende Stimmung in der Luft.

Samir erstand eine schön bestickte Dschellaba* für

---

*kleidartiger Umhang

mich und, braun wie ich war und mit Bart, sprachen mich viele auf Arabisch an – ich verstand so gut wie nichts.

Unser besonderes Interesse galt der Zacharias-Moschee. Eigentlich sollen alle „Ungläubigen" vor dem Tor bleiben und das muslimische Gebot respektieren, das die Berührung des Bodens der Moschee durch Christen untersagt. Doch Samir ermunterte mich, den Vorhof zu betreten und so konnte ich den Gläubigen bei ihren rituellen Waschungen zusehen. Von dort ging es – nachdem wir die Schuhe ausgezogen hatten – auf moosweichen Teppichen in den inneren Bereich, in dem sich die Mihrab genannte Nische befindet, der sich alle zukehren müssen, wenn sie ihre Gebete verrichten.

Plötzlich erschallte über der Stadt eine gewaltige Stimme – der Muezzin rief zum Gebet – und unser Führer übersetzte: *Ich bekenne, daß es keinen anderen Gott gibt als Gott und daß Mohammed sein Prophet ist.* Und nach einer kurzen Pause: *„Erhebt euch, ihr Gläubigen, sprecht euer Gebet, vollzieht die vollkommenste Handlung, die Mohammed befiehlt, das vollkommenste aller Wesen."*

Nun war es Zeit für das Matav-Museum; ich wollte die Funde aus Tell Halaf sehen und stand kurze Zeit später grimmigen hethitischen Löwen gegenüber. Es gab Statuen aus Mari, Keilschrift-Tafeln und Rollsiegel aus assyrischer Zeit und finstere Steinmänner im Innenhof. Die

Zeit des Alten Testaments war wiedererstanden.

Als Samir ein Treffen mit einem Reporter des lokalen Rundfunks arrangieren wollte, nahmen wir ihn zwischen uns und flüchteten auf die Zitadelle. Durch ein wunderbares Ornamenttor gelangten wir in den Thronsaal und bestaunten die edle Holzvertäfelung von Wand und Decke.

Spontan beschlossen wir, länger in Aleppo zu bleiben als geplant, und dann baten wir Samir, mit uns in ein typisch syrisches Restaurant zu gehen, als unser Ehrengast. Wir landeten in einer Garküche, der Hammeleintopf war erste Klasse und nun galt es, Samir zu danken und Abschied zu nehmen.

Er wünschte sich, daß wir ihm aus Deutschland einen Brief schreiben und darin unsere Zufriedenheit mit seinem „Service" ausdrücken sollten, als Referenz für nachfolgende Touristen sozusagen. Dabei erfuhren wir, daß er von seinem Vater, der ebenfalls Fremdenführer war, deutsch gelernt habe, ohne unsere Schrift lesen zu können.

Der nächste Tag sah mich erneut im Innenhof des Museums, den drei schwarzen Figuren gegenüber, die mich mit ihren eindrucksvollen Augen anstarrten. Meine Gedanken gingen zu den Schrifttafeln und Rollsiegeln, die hier ausgestellt waren. Mal sehn, wie weit ich mit meinen Recherchen bezüglich der Entstehung der Schrift gekommen bin, dachte ich.

Keilschrift war in ihren Anfängen eine Bilderschrift; die typische Keilform, wie sie die Exponate aus Mari zeigen, entstand um 2.700 v. Chr. Bis zum Aufstieg des assyrischen Reiches verbreitete sich die Schrift des Zweistromlandes von Babylonien über Palästina bis nach Ägypten. Von dort kamen die Hieroglyphen, die sich im Laufe der Zeit in eine hieratische und in die von Herodot demotisch genannte Schrift wandelten.

Ab dem 8. Jh. v. Chr. wurden die meisten alten Schriftarten im nahen Osten mehr und mehr durch das phönizische und griechische Alphabet abgelöst. Ich stelle mir die Frage, wie ein *Dictionarium* für den „Touristen" des fünften Jahrhunderts vor Christus ausgesehen hätte? Die Keilschrift ist mit altpersisch, elamisch und babylonisch in der Behistun-Inschrift* vertreten – und entziffert. Dem Stein von Rosette** entnehmen wir die zwei ägyptischen Schriften - und griechisch!

---

*Die Behistun-Inschrift
Der persische Großkönig Dareios (549 - 486 v.Chr.) ließ in einen Felsen die Abbildungen gefangener Könige einmeißeln. Darunter befand sich eine dreisprachige Tafel mit den Keilschriften altpersisch, elamisch und babylonisch, die zur Entzifferung der Keilschrift diente.

**Der Stein von Rosette
Der Stein stammt aus dem Jahr 196 v. Chr. und wurde in drei verschiedenen Schriften geschrieben: ägyptische Hieroglyphen, demotische Kursivschrift und altgriechische Buchstaben. Mit ihm gelang die Entschlüsselung der Hieroglyphen.

Das wäre der Schlüssel, die Schriftzeichen des Altertums in einem Wörterbuch nebeneinander zu stellen – und zu verstehen! Diese Entdeckung wirft mich um, und so ganz nebenbei sehe ich den Kreis geschlossen, der die meisten europäischen Schriften, um lateinische Buchstaben erweitert, maßgeblich beeinflußt hat.

Am nächsten Tag besuchten wir die größte Karawanserei Aleppos, den Khan al Wazir aus dem 17. Jh., den Hammam al-Labadiya – eines der schönsten Bäder Syriens – sowie die Medrese as-Sultaniye aus dem 13. Jh., und den handwerklichen Traditionsmarkt Khan ah-Shuna, dann entdeckten wir Al-Djdaida – das Viertel der alten Häuser.

Bei Sonnenuntergang saßen wir vor dem Kaffeehaus beim Park am Tourist Office und tranken Kräuter-Chai, vom Wirt Sohorat genannt. Wir fühlten uns schon fast wie „alte Syrer", als es am nächsten Morgen Richtung Süden ging, um über Hama und Homs nach Damaskus zu gelangen.

Doch vorher machten wir einen Schlenker Richtung Westen, um Apameia zu sehen, eine hellenistische Gründung der Seleukiden, die der Stadt nach dem makedonischen Vorbild den Namen Pella gaben. Später kamen die Römer und bauten ab dem 2. Jh.n.Chr. eine der schönsten Säulenstraßen der Antike.

Ungestört durch Wächter oder andere Touristen spazierten wir zwischen umgestürzten kannelierten Säulenresten auf eine endlos scheinende Säulenreihe zu; was wir sahen, verschlug uns fast den Atem.

Welch großartigen Anblick mußten die Kollonaden erst geboten haben, als die Stadt in ihrer Blüte stand! Träumend fuhren wir weiter – nach Hama – und bereits von weitem war das Kreischen der Norias, der großen Wasserräder zu hören, die das Wasser des Orontes auf die umliegenden Felder verteilen.

Wir fuhren weiter nach Süden, in Richtung des Antilibanon-Gebirges, dessen höchste Erhebung, der Hermon mit 2.814 m, die Nordgrenze des Reiches Israel bildete. Die Hinweise auf biblische Überlieferungen mehrten sich, und in Damaskus sollten sie in greifbare Nähe rücken.

24

Wir hatten uns informiert: Damaskus gilt als die älteste, kontinuierlich bewohnte Stadt der Welt, nach der Legende von Aram, einem Sohn Noahs gegründet, daher auch der Name Aram-Damaskus. Begünstigt wurde die Siedlung durch die Oase Ghuta, in die der Fluß Barada mündet.

Östlich von Damaskus erstreckt sich die Syrische Wüste, ebenso im Süden, bis hin zur Arabischen Halbinsel. Die Stadt erlebte eine bunte Palette wechselseitiger Herrschaft: Ägypter, Assyrer, Perser, Griechen, und Römer, die 66 v. Chr. unter Pompeius ganz Syrien dem römischen Reich eingliederten. Unter Kalif Muawiya wurde Damaskus im Jahr 656 Hauptstadt des umayyadischen Reiches.

Heute leben fast zwei Millionen Menschen im Stadtgebiet und noch einmal so viele im Umland, jedoch nicht im Südwesten. Hier liegt in 30 Kilometer Entfernung die Grenze zum Libanon, und bis zu den Golanhöhen sind es 60. Beim Versuch, in dieses baumlose Aufmarschgebiet zu fahren, wurden wir vom Militär gestoppt und zurückgeschickt.

Der Dschabal Qasyun, so konnten wir erkennen, gleicht einer in den Berg gebauten Festung. Im Barada-Tal dagegen reiht sich ein Ausflugslokal an das andere und wir sollten dort eine arabische Festtafel erleben, bei der auch eine Nârgile* gereicht wurde. Doch zuvor wollten wir die Altstadt sehen, seit 1979 Weltkulturerbe.

Die Umayyaden-Moschee ist das wichtigste Gotteshaus der Stadt; zu ihr gelangten wir durch den Suq-al-Hamidiya, der hallenähnlich überdacht und viel großzügiger angelegt ist als der, den wir in Aleppo gesehen hatten.

Er endet am Tor des einstigen Tempelzugangs und dann stehen wir vor den noch aus der Antike stammenden Außenmauern eines Heiligtums, mit Blick auf ein beeindruckendes Minarett. Kalif Al-Walid ließ im Jahr 705 an Stelle der dem Tempel folgenden Johanneskirche eine monumentale Moschee errichten.

Wir gehen in den Innenhof, linkerhand ein Schatzhaus, rechts der Eingang zum Gebetsraum, der sich unter einem riesigen Gewölbe, der 45 Meter hohen Adlerkuppel, erstreckt.

Die aufstrebenden Wände und Pfeiler, auf die sich die gewaltige Kuppel der Moschee stützt, sind mit Kacheln verkleidet, die von Blumen durchwundene Inschriften zieren, mit ausgewählten Zitaten des Koran. Das dort herrschende Halbdunkel erlaubt den Gläubigen trotz der umherwandelnden Touristen eine relativ ungestörte Sammlung.

---

* Wasserpfeife

Ich könnte Ihnen einen ganzen Atlas von Damaskus zeichnen, mit den vielen sehenswerten Moscheen, Medresen, dem Khan Asad Pascha, eine Karawanserei, die vom osmanischen Gouverneur Asad Pascha al-Azim errichtet wurde, der auch den Azim-Palast gebaut hat, aber das würde den hier gesetzten Rahmen sprengen.

Besonders erwähnen möchte ich die Pilgerstraße mit ihren vielen Bauten aus mamelukkischer und osmanischer Zeit, u. a. die Derwisch-Pascha- und die Tainabiya-Moschee.

Und natürlich das Nationalmuseum – wenn auch unsere Neugier in Aleppo schon zum Teil befriedigt wurde – mit Funden aus Ugarit und Mari, u. a. kleine Statuen aus der Zeit um 2.600 v. Chr. Es ist eine faszinierende Stadt, in der mittelalterliches Leben Bestand hat und traditionelles Handwerk zuhause ist – denken Sie nur an die Damaszener-Klinge.

Man sagt aber auch, in Damaskus sei eine wichtige Entscheidung für das Christentum gefallen: der römisch erzogene Paulus öffnete hier den frühen Christen den Weg aus dem Judentum.

Ein frischer, aber sonniger Morgen; nach vier randvollen Tagen in Damaskus hat uns die Landstraße wieder. Mein Begleiter hat sich entschlossen, die Reise mit mir fortzusetzen – „never change a winning team" gilt auch auf Reisen.

Wir sind noch keine zwanzig Kilometer gefahren, da befinden wir uns am Rande der steppenähnlichen Wüste. Ein verbogenes Schild zeigt an, daß es geradeaus Richtung Baghdad und links nach Bsera und Khnefis geht. Im Irak bahnt sich in diesen Tagen ein neuer Krieg an und wir sind nicht daran interessiert, hinein zu geraten. Also aufpassen, wo die Straße nach Palmyra abzweigt. In der Ferne meinen wir Kamele zu sehen, aber es erweist sich als eine Luftspiegelung.

Dann wieder ein Schild: rechts nach Sab'Abâr, links Tadmur. Das ist unsere Richtung, doch nach kurzer Wegstrecke verschwindet die Straße zu zwei Dritteln im Sand. Hier herrschte gestern ein Sandsturm, der eine kleine Düne aufgebaut hat, die es zu umfahren gilt – schließlich haben wir keinen Geländewagen und auch keine Sandbleche dabei. Da niemand entgegen kommt, nehmen wir den sichtbaren Teil der linken Fahrbahn und zweihundert Meter weiter ist der Spuk vorbei.

Nach unserer Landkarte sind es noch rund hundert Kilometer bis Palmyra und die könnten wir bis Mittag schaffen. Und richtig, gegen 13 Uhr zeigt sich rechterhand ein Palmenwald – Tadmur ist aramäisch und bedeutet Palmenstadt – und auf einem Berg zur linken stehen Ruinen, die sich später als die Reste der arabischen Burg Qal'at Ibn Maan aus dem 13. Jh. erweisen sollten.

25

Die in der Antike Palmyra genannte Oase liegt an einem strategisch wichtigen Platz, auf halbem Weg zwischen Damaskus und dem Euphrat, mit Anbindung an die Seidenstraße.

Das war wohl auch ihre eigentliche Funktion: Versorgung der Karawanen mit Wasser, mitten in der Wüste, bis die Römer kamen und mit ihnen eine Frau namens Zenobia. Um 267 n. Chr. machte sie sich selbst zur Königin über Syrien und Palmyra zu einer der prunkvollsten Städte der antiken Welt. Das wollten wir sehen – oder besser gesagt – das, was davon übrig geblieben ist.

Um es gleich vorweg zu nehmen – wir hatten aus den Reiseführern unsere Favoriten auserkoren und allem voran stand der Tetrapylon; vier Gruppen von jeweils vier Säulen kennzeichneten eine Straßenkreuzung, vielleicht sogar das Zentrum der Stadt.

Von hier aus entdeckten wir in östlicher Richtung, teilweise über eine nicht ganz so gewaltige Säulenstraße wie in Apameia schlendernd, ein gut erhaltenes Theater und – den Tempel des Nebo. Aha!

Assurbanipal, von 669–627 v. Chr. neuassyrischer König, nennt in einer Inschrift Nebo und Tasmit als die Götter, welche seinen Vorfahren die Schrift gelehrt hätten; er ließ in Ninive eine bedeutende Sammlung von Keilschrifttafeln zusammentragen, die im 19. Jh. gefunden und nach London gebracht wurden. Die Texte sind im assyrischen und babylonischen Dialekt der akkadischen Sprache abgefaßt.

Danach hatte Assurbanipal sogar „Einblick in Schriftsteine aus der Zeit vor der Sintflut, die ganz und gar unverständlich sind" – aus einer anderen Welt sozusagen. Alexander berichtet, er habe in Anchiale in Kilikien eine Statue des auf griechisch Sardanapal genannten Königs mit folgender Inschrift gelesen: „Du aber, Fremdling, iß, trinke, liebe; was sonst der Mensch hat, ist der Rede nicht wert." Das gefällt mir – ich bin auf dem richtigen Weg.

Es wird dunkel, als wir von unserer ersten Exkursion zurückkehren; auf den letzten Metern hatten wir einen Wächter als „Schatten", der aufpaßt, daß von den Scherben ringsherum nichts mitgenommen wird. Später geht der Mond auf und gestaltet das Ruinenfeld zu einer Szene, wie sie eindrucksvoller nicht sein kann.

Der nächste Morgen sieht uns früh unterwegs zum Bel-Tempel, einem wuchtigen Bau mit annähernd 200 Metern Seitenlänge. Durch das Triumphtor des Hadrian gehen wir wiederum auf der Säulenstraße, diesmal in westlicher Richtung, bis wir die Grabtempel am Diokletianslager erreichen.

Gut, daß wir ausreichend Wasser mitgenommen haben, denn es begleitet uns eine heiße Sonne auf dem Rückweg durch das schattenlose Gelände.

Wir beschließen, noch am Nachmittag bis Dayr az Zawr am Euphrat weiterzufahren.

EINTRAG INS TAGEBUCH

Das Geheimnis der Schrift findet seine Auflösung.

Von Deir ez Zor, wie die Stadt in unserer Landkarte genannt wird, sind es knapp 90 Kilometer zum antiken griechischen Dura Europos. Ein Blick über die Mauer genügt, dann folgen wir den biblischen Spuren zum uralten Mari, dessen Gründung auf die Zeit „nach der großen Flut" datiert wird.

Mit ihr verbunden sind Namen wie Sargon König von Ur, Zimri-Lim und Hammurabi sowie Serug, Terach und Haran, die im 1. Buch Mose als Verwandte Abrahams genannt sind.

Mehr als zwanzigtausend Tontafeln in Sumerischer Keilschrift wurden hier gefunden, als Mari-Texte berühmt geworden; sie stammen aus einer Zeit um 1.800 vor Chr., und ein Teil davon haben wir in Aleppo gesehen.

Ich komme zu dem Schluß, daß ich sehr viel über die Geschichte der Schrift herausgefunden habe.

26

Nur noch 20 Kilometer trennen uns von der irakischen Grenze, doch wir ziehen es vor, dem Euphrat flußaufwärts zu folgen. Zuvor jedoch wollen wir dem historischen Strom, der unsere Fantasie so sehr beschäftigt hat, von einer Brücke aus unsere Referenz erweisen und ihm unsere Gedanken in Richtung Babylon und Ur mit auf den Weg geben.

Euphrat – und Tigris! Gestern Abend, bei einer Diskussion mit einem syrischen Fremdenführer, erfuhren wir, daß diese Flüsse für Asien eine historische Linie zwischen zwei grundverschiedenen Veranlagungen und Zivilisationen darstellen: nach Westen hin die über Jahrhunderte währende osmanische, nach Osten die persische – hier die der Abbassidenkalifen, dort die der Fatimidenkalifen.

Vom Minarett herüber hörten wir die eintönige und weinerliche Stimme des Muezzin: *„Es gibt keinen Gott außer Allah, und Mohammad ist sein Prophet."* Der Führer erklärte uns den Text, der anders klang als in Aleppo: *„Ali ist der Stellvertreter des Propheten."* Und er fuhr fort: *„Dies findet zum Gedenken an Ali statt, den Schwiegersohn des Propheten, und an seine Söhne Hossejn und Hassan, deren tragisches Ende die Muslime in Sunniten oder Parteigänger Omars und in Schiiten, die AnhängerAlis, spaltet."*

Nach dem Tode des Propheten bemächtigte sich dessen Schwiegervater Abu Bakr der obersten Führung, um sie auf seinen zweiten Schwiegersohn Omar zu übertragen. Ali, der nicht nur Mohammeds Tochter geheiratet hatte, sondern außerdem auch sein Neffe war, forderte im Namen des Blutes das Kalifat, aber ohne Erfolg – er wurde von den Anhängern Omars ermordet. Seine beiden Söhne Hossejn und Hassan wollten seinen Tod rächen, jedoch verlor der erste sein Leben, als er von Jasid, dem Heerführer Omars, bei Kerbela an den Ufern des Euphrat angegriffen wurde; der andere kam durch Gift um.

Es war im vierzehnten Jahrhundert, als in Persien Stimmen laut wurden, dem Ruf des „Wahren Glaubens" zu folgen. Unter dem Einfluß der Sophis breitete er sich immer weiter aus und riß einen unüberwindlichen Graben zwischen Sunniten und Schiiten. Beide Seiten schürten den abgrundtiefen Haß, dessen Folgen wir heute noch erleben.

Während des Gespräch schauen wir auf die Landkarte und sehen, daß im heutigen Iran und Irak die Schiiten, in Syrien und der Türkei dagegen die Sunniten die Mehrheit bilden. Unser Führer weiß zu berichten, daß in der Großen Moschee von Isfahan in einem Schrein das blutgetränkte Hemd des Hossejn, Alis Sohns, aufbewahrt wird und als schützendes Heiligtum gegen jeden feindlichen Einfall gilt.

Wir bleiben auf dem rechten Ufer des Euphrat, das im Westen von einem Höhenzug begrenzt wird; auf einer Schotterstraße fahren wir ein Stück weit bergan und blicken hinunter auf den Fluß, der ansonsten nur an wenigen Stellen von der Straße aus zu sehen ist. Noch einen Kilometer weiter und schon beginnt wieder die steppenartige Wüste und zwingt uns zum Rückweg.

Mittags machen wir kurze Rast im Schatten der Stadtmauer von Halabiye, einer verfallenen Burg aus dem 3. Jh.; nach einem kurzen Rundgang zu den Türmen geht es weiter, zuerst Richtung Ar Raqqa, dann entschließen wir uns, einem Weg quer durch die endlosen Plantagen in nördlicher Richtung zu folgen – und verfahren uns prompt. Also wieder zurück?

Da hält ein Landrover, ein freundlicher Mann fragt uns auf Deutsch hessischen Idioms, wohin des Wegs und schon sind wir mitten in einem Gespräch über Entwicklungshilfe. Denn das ist der Grund seiner Anwesenheit in diesem verlassenen Winkel Syriens. Und wir erhalten auch gleich ein paar Ratschläge: Tell Halaf lohne sich nicht; wenn wir im Museum in Aleppo waren, hätten wir das meiste gesehen. Er zeigt uns eine Abkürzung nach Tall al Abyad, dadurch entgeht uns zwar ein Besuch von Raqqa, andererseits besteht die Möglichkeit, heute noch über die syrisch-türkische Grenze zu kommen.

Wir hätten uns Zeit lassen können, denn auf der Bahnlinie parallel zum Grenzzaun ist ein kleiner Lastwagen umgekippt. Eine Ladung Säcke liegt verstreut auf den Gleisen und die Fahrer der kleinen Fahrzeugschlange, die sich gebildet hat, fassen an – wir auch. Dabei treffen wir einen anderen Entwicklungshilfe-Mitarbeiter, der meint, wir hätten keine Chance mehr, vor der Schließung der Grenzkontrolle hinüber zu kommen.

Noch während er redet, winkt uns ein türkischer Zollbeamter, und nach einem kurzem Blick in unsere Ausweise sind wir, als die Straße wieder frei ist, unter den ersten, die durch die Kontrolle dürfen, derweil der DED-Mann äußerst verdutzt dreinschaut.

Gleich hinter der Grenze liegt der kleine Ort Akcakale und wir können noch keinen Unterschied feststellen; doch nach knapp 50 km ist er so gewaltig, daß wir meinen, Urfa – bei den Babyloniern Hurri genannt, das Edessa der Makedonen – sei eine Großstadt.

Die Straße führt uns direkt ins Zentrum und unterhalb der Zitadelle, an einem Teich, in dem schon Vater Abraham gebadet haben soll und „Heilige Karpfen" schwimmen, machen wir nach fast zwei Wochen Syrien-Rundreise die erste Rast in der Türkei.

EINTRAG INS TAGEBUCH

Wir ziehen Bilanz. Unser Plan für Syrien ist aufgegangen – mehr war in der kurzen Zeit nicht drin, wollten wir doch auch das Leben der Menschen kennen lernen, die uns durchweg freundlich begegneten.

Von Mißstimmung im Land haben wir nichts bemerkt und ich kann mich nicht erinnern, irgendwo schon mal eine Tankfüllung für fünf Mark bekommen zu haben. Das schonte unser Budget, sodaß auch der finanzielle Aspekt durchaus zufriedenstellend war.

Und ebenso wichtig: außer einer kurzen Darmverstimmung – bezeichnenderweise nach dem Festmahl in Damaskus – hat uns keine der befürchteten Krankheiten erwischt.

27

Durch die positive Stimmung munter geworden beschließen wir, uns heute noch dem zweiten Fluß Mesopotamiens, dem Tigris, zu nähern. Wir bummeln auf der Straße nach Siverek, hängen unseren Gedanken nach und plötzlich wird es dunkel. Hunger haben wir auch, und bald finden wir am Busbahnhof eine Garküche, die uns einen schmackhaften Gemüseeintopf serviert.

Nach dem Essen sollst du ruh'n – wir sehen dem bunten Treiben zu – und schlummern ein. Irgendwann nach Mitternacht weckt uns die Kälte und schon sind wir auf der Landstraße nach Diyarbakir, dem zentralen Knotenpunkt auf der ostanatolischen Hochebene.

Es war beschlossene Sache durchzufahren, und so stehen wir gegen fünf Uhr in der Früh vor der gewaltigen Stadtmauer aus schwarzem Basalt, die zum großen Teil noch aus der Zeit Kaiser Konstantins stammt. Über sie verläuft ein Gang rund um die Altstadt, der für uns beim Stadttor Harputkapi beginnt; es gibt insgesamt nicht weniger als 72 Türme zu sehen.

Wir wenden uns ostwärts und wenig später sehen wir neben der Zitadelle tief unter uns den Tigris fließen; es war eher ein Flüßchen denn ein Strom, das sich dort durch Gärten und Wiesen schlängelte.

Die Sonne geht auf, leichter Dunst liegt über dem

Wasser, und bei diesem Anblick legt sich eine selten erlebte Stimmung auf unser Gemüt.

Lange verharren wir dort, im Blickfeld diverse Bastionen der Verteidigungsanlagen, die den unzähligen Angreifern doch nicht gewachsen waren – unter ihnen auch die Mongolen Tamerlans.

Auf der Innenseite der Mauer erwacht die Stadt, was uns veranlaßt, in die schmalen Straßen hinunter zu steigen. Die ersten Läden öffnen, darunter eine Bäckerei – man kann in die Backstube hineinsehen – und es gibt statt Fladen mal wieder richtiges Brot. Die fröhlichen Rufe passen zu unserer guten Laune, wir kaufen ein, und können gerade noch soviel Lira zusammen kratzen, daß es reicht. Ich denke, daß wir gleich nach dem Frühstück zu einer Bank müssen, da sehen wir einige Leute an unserem Wagen hantieren.

Das wäre ja noch schöner, einen Tag in der Türkei und... Aber nein, es handelt sich um eine Familie mit Kindern, die dabei ist, mit langen Besen und Wischlappen unseren Bus vom Wüstensand zu befreien. Ich nehme an, daß sie eine Bezahlung erwarten und versuche ihnen zu erklären, daß ich erst Geld wechseln muß. Als sie verstehen, werden wir beschimpft; sie ziehen ab und lassen uns mit dem noch halb verdreckten Auto stehen.

Nachdem wir uns gestärkt haben, wollen wir zur

Moschee Ulu Cami, die als bunt zusammengewürfelter Bau aus antiken Mauern, Säulen und Kapitellen beschrieben wird. Anschließend lockt der Markt vor dem Urfakapi-Tor, von dem ich mich nach einem Rundgang wieder nur schwer trennen kann. Bei einem Glas Chai legen wir die nun vor uns liegende Route fest. Unter Abwägung der uns bekannten Kurdenprobleme fällt die Entscheidung, daß wir für diese Tour den östlichsten Punkt auf der Landkarte erreicht haben.

Am Weg, den wir für die Rückreise planen, liegen einige hochkarätige Sehenswürdigkeiten, die wir uns nicht entgehen lassen wollen; Nemrut Dag, der legendäre Berg in der Provinz Adiyaman, gehört dazu. Antiochus I ließ im ersten Jahrhundert v. Chr. auf 2.150 Metern Höhe Statuen der griechischen und persischen Götter- und Herrscherwelt aufstellen. Unter dem auf dem Gipfel von Menschhand aufgeschütteten 50 Meter hohen Steinhaufen wird das Grabmal des Königs vermutet. Und hinter Kayseri, dem biblischen Caesarea, liegt Kappadokien; im Nationalpark Göreme sind Höhlenkirchen aus der Zeit der ersten Christen sowie eine atemberaubende Tuffkegel-Landschaft zu bestaunen.

28

Es bleibt spannend und statt touristischer Beschreibung beschränke ich meinen Bericht auf unsere Erlebnisse unterwegs – es würde sonst ein neues Buch entstehen. Nemrut Dag – eine Szene wie in einem Michael-Ende-Film. Wir haben die Bilder der riesigen Köpfe gesehen, die „zum Ruhm des Königs und dem der Götter" errichtet wurden; nur ein Größenwahnsinniger, der sich über Zeus, Apollon und Tyche zu stellen glaubt, inszeniert eine solche Show.

Das müssen wir sehen und starten vom „Basislager" in Kâtha – zuerst mit unserem Wagen, weil wir der Meinung sind, das sei möglich. Wir möchten da oben übernachten und den spektakulärsten Sonnenaufgang unseres Lebens sehen. Die ersten Kilometer auf Schotterstraßen sind geschafft, da zieht der Lenker nach links. Anhalten und nachschauen – der Reifen ist so gut wie platt. Also zurück, solange das noch geht mit diesem Rad; wenn nicht, wird das Reserverad gebraucht.

Unten gibt es eine Werkstatt, wir sind nicht die ersten mit Problemen; man verspricht die Reparatur, aber es kann Abend werden. Darauf wollen wir nicht warten und der Mechaniker vermittelt uns an einen Minibuschauffeur, in dem schon einige Leute auf die Abfahrt warten. Der Dolmus zieht eine Staubfahne hinter sich her und als wir oben aussteigen, bläst uns ein eisiger

Wind ins Gesicht. Da stehen sie, kopflos die thronenden, steinernen Körper auf einer Terrasse, und – im Gelände verstreut – bärtige, bemützte Häupter neben Geiern, dahinter ein weiter Blick über das Taurus-Gebirge. Ein eher gespenstiger Anblick in der untergehenden Sonne.

Auf der Ostterrasse steht das „Löwenhoroskop"; man weiß inzwischen, daß es die Sterne zeigt, wie sie am Abend des 14. Juli 109 v. Chr., dem Tag der Krönung Mithradates, zu sehen waren.

Spät abends sind wir wieder zurück, die Werkstatt hat noch offen. Der Chef präsentiert einen Nagel, geschmiedet wie er meint, eine Seltenheit. Der Reifen ist geflickt und sollte bis in den Hafen von Piräus halten – am Ende unserer Reise müssen wir ohne Luft im Schlauch von der Fähre runter. Doch bis dahin ist es ein weiter Weg.

Der führt uns erst einmal über Kayseri nach Göreme in Kappadokien. Wie Ku-Klux-Klan-Figuren sehen sie aus, die kegelförmigen Türme der Höhlenstadt bei Uchisar und im Tal von Zelve.

Ungefähr 2 km östlich vom Dorf Göreme befindet sich das Kirchental. In das weiche Tuffmaterial meißelten Christen auf der Flucht vor den Arabern ab dem 9. Jh. zahlreiche Häuser und Kirchen. Wir beschränkten uns auf den Besuch der Elmali Kilise (Apfelkirche), deren Kuppeldecke mit Wandmalereien sehr gut erhalten ist.

Am Nachmittag gab es ein kurzes Gewitter; das anschließende, kontrastreiche Sonnenlicht auf den sogenannten Feenkaminen und Tuffsteinformationen, vor dem von schwarzen Wolken verhangenen Himmel, bleibt als eines der schönsten Naturschauspiele in meiner Erinnerung.

EINTRAG INS TAGEBUCH

Es war meine Absicht, an die Rundreise einen Badeaufenthalt an der sogenannten türkischen Riviera anzuhängen – dort wollte mein Begleiter eigentlich bereits vor einer Woche hin – und ziemlich verschwitzt landen wir auf einem schönen Platz bei Silifke.

Nach zwei Tagen Schlaf packen wir das Boot aus und starten zur Erkundung der Küste bis Tasucu und noch weiter westlich. Wir finden einen echten Aussteiger in seiner Hütte, und weil er gerade die Fische grillt, die er am Vormittag gefangen hat, lädt er uns ein; jeder bekommt eine halbe Sardine und einen Löffel Reis – mit das beste, was wir in den letzten Tagen gegessen haben.

„… sodaß weder arm der Eros ist noch reich,
zwischen Klugheit und Torheit in der Mitte."
Platon, Diotima

Eros und Aphrodite

29

Nun ist es soweit – ich sitze allein auf der Terrasse des kleinen Hauses in Griechenland und weiß, daß Julia nicht hier sein will. Sie hat erklärt, ihr Leben spiele sich zuhause in Deutschland ab und – es wird keine gemeinsamen Reisen mehr geben.

Das zielt auf einen wichtigen Teil meines Lebensinhalts, den ich nicht ändern kann und will. Die Folge daraus kann nur heißen: Trennung von Tisch und Bett. Allein die letzten Jahre, in denen wir uns auseinander gelebt haben, machen die Entscheidung verständlich, doch ich muß sie erst einmal verarbeiten. Liebesentzug begleitet mich seit meiner frühesten Jugend; das, was ich damals erfahren hatte, würde man heute Kindesmißbrauch nennen.

Wo stehe ich jetzt? Was fange ich an? *„Es geht darum, zu wissen, wie das eigene Leben zu leisten sei, um ihm die Form zu geben, die die schönst Möglichste ist. Daraus kann die Entwicklung einer Selbstpraktik entstehen, die zum Ziel hat, sein Ego zu schaffen als Arbeit an der Schönheit des eigenen Lebens"*, lese ich – und so wird es wohl das

Beste sein, ich fange an, sobald mein Kopf einigermaßen klar ist. Das heißt, eigentlich habe ich mit meinen Reisen der vergangenen Jahre schon längst damit begonnen.

EINTRAG INS TAGEBUCH

Konsequentes Handeln gegenüber Julia und umgekehrt erschöpft sich in getrennten Wegen, zu mehr sind wir im Augenblick nicht fähig.

Ich suche einmal mehr Hilfe bei meinen Freunden, den griechischen Göttern, die mir durch Plutarch mitteilen lassen: „Aphrodite ist es, die zwischen Mann und Frau Eintracht und Liebe stiftet, indem sie durch die Sinnenlust nicht nur körperliche Vereinigung, sondern auch Seelengemeinschaft herzustellen weiß."

Das hat bei uns nicht funktioniert, die Lust hat die Seelen nicht erreicht. Vielleicht stimmt irgend etwas nicht mit unseren Seelen?

Doch es ist ein Unterschied, wenn zwei Menschen, die nicht mehr miteinander können, ihre eigenen Wege gehen, oder wenn Kinder davon betroffen sind. Ich beschließe, mit unserer Tochter darüber zu sprechen, und bin überrascht, als sie – wie Großvater sagen würde – aus allen Wolken fällt und offensichtlich keine Ahnung hatte, daß es um die Beziehung ihrer Eltern so schlecht steht.

Da wird noch jemand enttäuscht, denke ich und versuche, ein wenig zu trösten; an unserem guten Verhältnis wird sich nichts ändern und alles andere muß wohl die Zeit für uns richten.

Den Beistand bei den Göttern zu suchen, fällt dort, wo ich mich jetzt aufhalte, nicht schwer. Schließlich ist die Argolis eine Landschaft, in der wie sonst nirgends halbe und ganze Gottheiten initiiert und intrigiert, schlicht gewirkt haben. Hera wird – als Wächterin über die Geheimnisse des ehelichen Lebens – ohnehin schon längst Bescheid wissen über unsere Sorgen und Nöte.

Doch Vorsicht ist geboten – die griechischen Götter können auch äußerst brutal sein, lese ich - und weiter: es war Hera, die auf Artemis Bitte hin Herakles an ihre göttliche Brust legte. Wer kann so kräftig saugen, fragte sich Hera, bevor sie erkannte, daß es Herakles sein mußte und ihn von sich riß. Aber diese Portion göttlicher Muttermilch reichte aus, ihm übermenschliche Kräfte zu verleihen. Die Folgen sind bekannt!

Wo wir grade beim Thema sind – ein Mythologisches Wörterbuch des letzten Jahrhunderts beschreibt „Herakles am Scheideweg" wie folgt: „...*da erschienen zwei ansehnliche Frauenspersonen, wovon die eine schön war. Sie hatte ein freies, majestätisches Gesicht, doch ließ sie in ihren Augen eine große Schamhaftigkeit und aus ihrem ganzen Wesen viel Sittsamkeit erblicken. Die andere war weniger schön, doch schien sie sehr zärtlich zu sein. Ihre Blicke waren kühn und unverschämt, und sie ließ solche überall herumfliegen. Beide suchten ihn zu überreden, daß er eine von ihnen zur Führerin seines Lebens nehmen möchte. Als er nach ihrem Namen fragte, so erfuhr er, daß die erste die Tugend, die andere aber die Wollust genannt würde."*

Er wählte die erste, schickte die andere weg und dadurch versagte er sich *Ta aphrodisia* – das sind „… die Gesten und Gebärden, Berührungen, die Freuden der Liebe, die sinnlichen Lüste und Genüsse, die Akte selbst!" Kraftmeier sind nicht immer die Klügsten.

Die nächste Geschichte kommt meinem Haus bedenklich nahe, denn nicht weit entfernt liegt Mykene. Pelops, der Peloponnes' Namensstifter, hatte einen Sohn des Hermes getötet und dieser sann auf Rache. Indes Pelops Frau Hippodameia befürchtete, ihr Mann könnte seinen nichtehelichen Sohn zu seinem Nachfolger bestimmen, so wurde dieser von ihr und ihrem Sohn Atreus ermordet. Atreus floh nach Mykene und schwor, sein bestes Lamm der Artemis zu opfern, sollte sie ihm helfen.

Tatsächlich fand er in seiner Herde ein goldenes Lamm; um es aber vor der Göttin zu verstecken, gab er es seiner Frau. Diese wiederum hatte nichts Eiligeres zu tun, als es ihrem Schwager und Liebhaber Thyestes zu schenken, der bestimmte, daß derjenige, der das

Lamm habe, auch der König sein solle. Atreus aber erhielt doch den Thron, indem er dem Rat des Götterboten Hermes folgte: Thyestes müsse der Rückgabe des Goldenen Lammes zustimmen für den Fall, daß sich die Sonne rückwärts bewege. Dies' Wunder konnte nur Zeus vollbringen – und Thyestes wurde verbannt.

Und nun geht's los: Als Atreus vom Ehebruch seiner Gattin erfuhr, tötete er Thyestes Söhne, kochte sie und lud den Schwager zu einem Gastmahl ein, bei dem er ihm seine eigenen Kinder zu essen gab, und ihm anschließend deren Hände und Füße zeigte.

Der Schock trieb Thyestes zum Orakel und dieses weissagte, wenn er mit seiner Tochter Pelopia einen Sohn habe, werde dieser Atreus töten. Der Sohn war Aigisthos, doch nach seiner Geburt setzte Pelopia ihn aus Scham über den Inzest aus. Ein Schafhirte fand das Kind und brachte es zu Atreus, der es annahm und aufzog.

Als Aigisthos erwachsen war, erfuhr er von seiner Mutter die Wahrheit und daß Thyestes sein Vater, aber auch sein Großvater – weil ihr Vater – sei, woraufhin er Atreus tötete.

Manche Grausamkeiten erhalten ihren Wert erst durch die Einbildungskraft. Ich verspreche mir selbst, äußerst vorsichtig zu sein.

30

Die Bananenstaude will nicht richtig wachsen; immer wieder versagt die automatische Bewässerung. Fällt der Strom aus – was hier häufig vorkommt – bleibt die Zeitschaltuhr stehen und wenn sie wieder geht, sprüht die Anlage in der Mittagshitze und nicht nachts, wie es richtig wäre.

Reiche Ernte dagegen bei den Feigenbäumen; köstliche Sika* im August, kurz in den Kühlschrank gelegt, ergeben einen wunderbaren Nachtisch.

Die Olivenbäume tragen nur alle zwei Jahre; mein Nachbar hat zugesagt, die Früchte im Dezember zu ernten und den Ertrag zu teilen, als Lohn für seine Arbeit. Er begleitet unsere Ernte bis in die Steinmühle und erhält fast 60 Liter absolut naturreines Öl erster Pressung.

Auch die Zitrusbäume stehen gut; sie blühen das ganze Jahr und bieten gleichzeitig immer frische Orangen, zuckersüße Mandarinen und Zitronen. Mit Blumen tun wir uns schwer; außer Rosensträuchern und der wild wuchernden Bougainvillea überleben nur wenige den glühend heißen Sommer – das Thermometer geht nicht selten über 40 Grad.

*Feigen

Ich habe eine Häckselmaschine mitgebracht, denn bei dieser Hitze können die Baumabfälle wegen der Brandgefahr nicht einfach angezündet werden. Die Schnipsel verteile ich rings um die Bäume auf dem Boden, das soll die Feuchtigkeit erhalten, doch die Idee aus Deutschland erweist sich in Griechenland als nicht praktikabel. Millionen Ameisen transportieren das Material in ihre Behausungen und drei Tage später ist alles weg.

Aufgrund der intakten weil chemiefreien Natur hält sich eine bunte Tierwelt im Garten. Da sind Schildkröten aller Farben und Größen, Spinnen, Schlangen und – Skorpione. Am Anfang machen sie ängstlich, doch später werden sie mittels Schaufel einfach über den Zaun geworfen. Eine Gottesanbeterin verspeist genüßlich eine Grille und beginnt damit am Kopf. Vögel nisten in der fast 200 Jahre alten Pefka, einer Aleppo-Kiefer, die im Sommer kühlen Schatten, im Winter Tannenzapfen zum Anheizen liefert.

Das Haus liegt am Rande der Steilküste, in Blickweite ein unbewohntes Felseneiland. Wir hatten bereits schon einmal versucht, die Insel mit dem Schlauchboot zu umrunden, um ihre Rückseite zu entdecken, doch wegen eines aufkommenden Sturmes mußte die Fahrt abgebrochen werden. Beim zweiten Mal sah ich, daß wir richtig gehandelt hatten.

Auf der Südseite stiegen die Felswände fast senkrecht aus dem Meer und es hätte sich weit und breit keine Möglichkeit geboten, an Land zu gehen. Erst am westlichen Ende befanden sich zwischen den Klippen kleinere Buchten zum landen.

In einer davon sah es aus, als würden sich Seevögel diese als Sterbeplatz wählen; unzählige, zum Teil verweste Kadaver lagen auf dem felsigen Strand und verbreiteten übelsten Gestank.

Nur weg von hier, war meine erste Reaktion und beim wenden sah ich auf dem Meeresboden die Schädelknochen gespenstig schimmern. Mit einer Gänsehaut erreichte ich schließlich den Liegeplatz und machte das Boot an einem Felsbrocken fest, der als Anker präpariert worden war.

31

Erst sehe ich nur ein paar Beine, endlos lang, dann folgt ein schlanker Frauenkörper und mit freundlichem Nicken grüßt wenig später ein anmutiges Gesicht, obwohl wir uns nicht kennen. Sie hat sich aus ihrem Wagen herausgeschält, denke ich und will weitergehen, da erreicht mich auch noch ihre Stimme, als sie fragt, wo man gut und preiswert übernachten könne.

Im Augenblick spüre ich, daß es ein anderes Begegnen ist – ich erfasse sie als ganzes und bin hellwach. Meine Antwort, ihre Vorstellung, alles kommt von allein. Ich begleite Ursula zum Kafenion, sie bestellt griechischen Kaffee, was nicht oft bei Europäern vorkommt, und dann fragen wir Jorgo, ob er in seinem Gästehaus Platz hat.

Eine Verabredung ist nicht nötig; Abendessen gibt's ab 20 Uhr und ein Tisch in der Nähe vom Hafenbecken ist frei. Die Frage nach der Kleidung erledigt sich schnell – wir bleiben beide, wie wir sind.

Mir gegenüber sitzt eine nicht mehr ganz junge Frau; sie weiß, daß ich sie anschaue, zieht ihre Jacke aus, unter der halb offenen Bluse feste Brüste, die sie durch Bewegungen ihres Oberkörpers zur Geltung bringt. Ihr Blick verrät, daß sie längst weiß, daß ich das mag – eine schöne Form der Kommunikation.

Unser Gespräch dient erst einmal dem gegenseitigen

Erkennen und wenn uns jemand beobachten würde, wäre die Spannung, die sich aufbaut, nicht zu sehen – ein Pärchen, das miteinander plaudert.

Sie ist seit zwei Jahren alleine unterwegs; ihr Mann hat sie wegen einer anderen verlassen aus Gründen, die schmerzlich für sie waren. Doch jetzt ist sie frei, nicht unbedingt wieder für eine komplizierte Sache, wie sie meint.

Mir fällt auf, daß sie sich von allen mir bekannten Frauen unterscheidet; offensichtlich möchte sie nur leben und nicht über ihre Versicherungen und Altersvorsorge mit mir sprechen. Am nächsten Morgen will sie weiter und deshalb heißt es nach kurzer Umarmung, *t'embrasse* wie sie sagt, Gute Reise – *kalo taxidi*.

Wie sie herausgefunden hat, wo ich wohne, will ich gar nicht wissen, als sie am nächsten Morgen mit frischem Brot in meinem Garten steht. Es wird ein schöner Tag und als der Abend kommt, findet er zwei Menschen, die sich seit tausend Jahren kennen.

Tessera programma, mein griechischer Radiosender, begleitet uns mit guter Musik. Ella Fitzgerald löst ein Hörnerkonzert ab, dann französische Chansons: La Vie en Rose, ciel d'Alsace – ein Vorgriff auf spätere gemeinsame Tage im Elsaß – und Bing Crosby mit Dancing in the night. Das tun wir dann auch, bis kein Weg mehr am Bett vorbeiführt.

EINTRAG INS TAGEBUCH

Jede Nacht geben wir uns alles, kommen ganz nah, dringen ein und stoßen vor zum Mittelpunkt der Erde.

Da schließt sie mich ein und küßt mich heiß, unersättlich lange; lächelnd fragt sie, was ich mir wünsche, treibt die Erregung in irrsinniges Entzücken und – erstickt im Schrei.

Regungslosigkeit danach. Wir spüren die Berührung unserer Seelen, unsere Sehnsucht, die eingemeißelt ist in die ewige Lithographie von Mann und Frau: leben und lieben.

32

„Kennst du wohl eine größere und heftigere Lust als die geschlechtlichen Triebe", fragt Platon in der Politheia den Sokrates – und er gibt sich selbst die Antwort: „*Ich keine, und ebenso wenig eine tollere.*"

In der Nacht hat es gewittert und ich versuche, die Löcher in der Decke abzudichten, durch die es reingeregnet hat. Dabei singe ich mein gesamtes Repertoire an Liedern, während sie zuhört, und mir hin und wieder ein Werkzeug reicht.

Wir wissen nicht mehr, wie lange sie schon bei mir ist, planen endlos lange Reisen mit meinem Bus, spielen Boule und ich habe keine Chance, dabei zu gewinnen, doch sie gibt mir das Gefühl, schon längst gewonnen zu haben.

Der Winter kommt und sieht uns vereint durch Frankreich ziehen; gemeinsam frieren wir uns ins Neue Jahr und Ellada steht auch schon wieder auf dem Programm. Sie sagt, das geht immer so weiter, bis wir alt sind – und ein *Maison de Retraite* werden wir auch dann nicht brauchen.

Ein wenig Geschäft bleibt zu tun, sie begleitet mich und ich sie. Sehen wir uns ein paar Tage nicht und stehen uns danach gegenüber, merken wir die Spannung zwischen uns besonders intensiv: Madame et Monsieur zweihunderttausend Volt.

Doch nun muß ich zurück in mein Haus nach Griechenland; mein Freund Nico, der aufpaßt, wenn ich nicht da bin, hat mir Nachricht gegeben, daß es beinahe abgebrannt wäre. Bereits von weitem sehe ich die Spur, die die Flammenwalze hinterlassen hat, nur etwa fünf Meter vom Zaun entfernt.

Von einem Olivenbaum, der direkt auf der Grundstücksgrenze wächst, steht nur noch ein schwarzer Stumpf mit verkohlten Ästen. Doch ich weiß, daß er sich wieder erholen wird. An meinem Haus fehlt die Holztreppe zum Dach; die hatte ebenfalls Feuer gefangen und mußte weggerissen werden, andernfalls wäre alles verbrannt. Danke Nico!

Sonst ist nichts betroffen – unvorstellbar, was passiert wäre, hätte die große, alte Pefka Feuer gefangen. Wir werden diese Seite der Terrasse wegen des trostlosen Anblicks vorerst nicht benutzen, denke ich und beginne, die angekohlten Stiegen zu ersetzen.

Ich bin allein. Abende wie dieser: Tisch, Lampe, Stille, das Rauschen der Brandung. Eine Eule schreit, die Natur schläft – und schläft nicht. Nachtaktive sind unterwegs, sie begegnen mir in Haus und Garten, überall huscht und zischelt es. Ruhe, die Entspannung bringt, oder Ruhe vor dem Sturm?

Das Kaminfeuer geht nur schwer anzumachen, alles ist irgendwie feucht, selbst die Bettdecken. In solchen Nächten finde ich nur schwer Schlaf, schrecke immer wieder hoch, unfähig zu denken. Eine kalte Welle rast durch meinen Körper, überzieht mich von Kopf bis Fuß mit einer Gänsehaut, macht mich starr.

Weißt du was es heißt, den Morgen erwarten? Alles in mir setzt aus, wenn mich das Gefühl der totalen Einsamkeit überfällt; rationale Erklärungen dafür gibt es nicht – die Angst kommt aus meinem Unterbewußtsein. Dabei könnte ich mich sicher fühlen wie in Abrahams Schoß. Wieder etwas mutiger geworden entscheide ich, daß mir Evas Schoß lieber wäre.

> *„Das Selbst zu verlieren heißt, mit einem Mal zu merken,*
> *daß du jemand anderes bist, als du dachtest."*
> Anthony de Mello

Gil B.'s Wiedergeburt

33

Auf dem Weg zurück nach Deutschland trifft es mich wie ein Keulenschlag. Alle entgegenkommenden Fahrzeuge fahren vermeintlich frontal auf mich zu. Ich halte an, vergewissere mich, daß es nur Einbildung ist, doch das ändert wenig an meiner Situation. Wieder auf der Straße, muß ich mich zwingen, niemanden zu rammen, und immer wieder anhalten, um mich zu beruhigen. Auf dem Oberdeck des Schiffs zieht es mich ans Geländer, beim Hinunterschaun erfaßt mich Schwindel.

Wie ich durch Italien und die Schweiz nach Hause zurück gekommen bin, weiß ich nicht mehr. Ich befinde mich ständig in Panik; plötzlich bedrohen mich scharfe Messer und spitze Gegenstände, hohe Gebäude muß ich fliehen. Irgend etwas in mir ist außer Kontrolle geraten, Urängste drängen sich mit Macht hervor, machen mich klein wie ein Hase in der Furche. Schmerzen kommen dazu, unerträgliche Muskelschmerzen, wie zu straff gespannte Violinsaiten.

Ich brauche Halt, alles in mir schreit nach einem Menschen, der mich beschützend in die Arme nimmt, doch es ist niemand da. Bei einem Theaterbesuch, zu dem ich mich durchringe, ist es mir, als müsse ich aufspringen und schreien: seht her, hier ist einer, der nicht mehr weiter weiß.

Dann kommt der Augenblick, wo ich einsehe, es nicht alleine schaffen zu können. Aber eins ist klar: keine Medikamente! Es gibt Spezialisten für diese Art von „Verrücktheit"; der Doktor im weißen Kittel bittet mich auf die Couch, in sehr gediegener Umgebung. Er meint, wir müßten von vorne anfangen und läßt mich erzählen, unterbricht aber immer wieder mit Fragen wie *„was haben sie dabei gedacht"* oder *„warum benutzen sie dieses Wort"*.

Das ist nicht der Richtige, spüre ich bereits beim ersten Termin – ich kenne meine Krankheit inzwischen besser als er sie je kennen lernen würde.

Also weitersuchen, Leute ansprechen, ohne ihnen konkret sagen zu können, worum es geht. Unser Doktor, zuständig für den Alltag, ist es, der mich auf die Spur der Frau bringt, die mir in den nächsten Monaten sehr wertvoll werden sollte. Sie hört mir zu und nach kurzer Bedenkzeit nimmt sie mich an.

Das ist ein erster wichtiger Schritt, doch dann macht meine Privatkasse Schwierigkeiten – sie lehnt die Übernahme der Kosten ab.

Die FRAU hat zwar viele Erfahrungen mit alten und jungen Menschen, aber keinen Weißen Kittel und darin versteht meine Versicherung, die Flagge historischer Bündnisse zeigend, keinen Spaß, weil dem Gott des Handels und dem Gelde mehr verpflichtet als Asklepios den Kranken.

Mein Fazit daraus: private Krankenversicherungen haben weder Fingerspitzen- noch Solidaritätsgefühl, sondern ausschließlich Kapitalinteressen.

Also zurück zu den Wurzeln, zur guten alten Kasse, die schon die Heilung vieler meiner Wehwehchen begleitet hat.

34

Alleine Autofahren ist fast nicht möglich; ich suche Nebenstraßen und quäle mich zwei, dreimal die Woche zum Gespräch. Die FRAU hört mir zu, es ist meiner Erinnerung nach überhaupt das erste Mal, daß mir jemand ernsthaft zuhört, wenn es um meine privaten Dinge geht.

Sie ist für Durchhalten, nicht mehr Weglaufen, auch wenn der Druck in mir noch so groß ist. Meine Aggressionen versteht sie, und erklärt auch die, die sich zeigen, wenn mir jemand den Rücken zudreht: wie hätte sich ein Kind auch anders wehren können?

Die Angst steht mitten in meinem Leben, hat mich fest im Griff. Die schlimmsten Attacken treten im Haus auf; kaum in der Küche, sehe ich spitze Messer auf dem Tisch, wie magnetisch ziehen sie mich an, wie von bösen Geistern gesteuert.

Ich lasse sie in der Schublade verschwinden, weswegen mich die FRAU rügt. Es kostet immense Überwindung, nicht einfach davon zu laufen. In manchen Büchern finde ich ein Spiegelbild meiner Krankheit, und in einem lese ich von meditativen Übungen. Ich hatte Autogenes Training bereits in der psychosomatischen Klinik kennen gelernt und regelmäßig angewendet, doch jetzt bringt das starre Liegenbleiben keine Erleichterung mehr.

Ich beginne zu lesen: *"Zwischen der Realität des verletzten Ich und deiner Sehnsucht nach Ausgeglichenheit liegen Welten voller Angst und Schmerzen."*

Ja, genau so spüre ich es! Und dann: *"... deine Seele, dein Körper gleichen einem vollgesogenem Schwamm, der – um leichter zu werden – ausgepreßt werden muß."*

Ich folge den Anweisungen, lege mich mit dem Rücken auf den Boden und beginne mit dem Anspannen und wieder Loslassen der Muskeln, von den Füßen über die Beine, den Rücken, Brustkorb und Hände, und zuletzt am Kopf. *Savasana* nennen es die fernöstlichen Völker – den Schwamm.

Manchmal vergewaltige ich mich selbst, steige auf eine hohe Eisenbahnbrücke und gehe los, tief unter mir rauscht ein Bach, ich kann ihn durch die Laufgitter sehen. Schnee liegt, es ist kalt und doch schaffe ich unter Aufbieten aller verfügbaren Kräfte auch wieder den selben Weg zurück.

Niemand außer der F<small>RAU</small> erfährt davon, der ich auch meine Angst vor „Sündenfällen" der Vergangenheit und daraus resultierenden religiösen Schuldkomplexen, verdrängter Angst vor Horrorszenen in Filmen und Angst vor Gewalt gegen mich selbst beschreibe: eine pulsierende Ader am Arm, die Leben signalisiert, erregt den Zwang, es zu unterbrechen.

Hinzu kommen verstärkt Organneurosen, die mich ebenfalls schon seit frühester Kindheit begleiten – erzählte Mutter doch von meinem ständigen Jammern über „weh Bauch".

Es sind Vorgänge, die im Zusammenhang mit einer für mich unsicheren Situation fast immer zu Krämpfen führen und sich in extremen Fällen so steigern, als fahre ein glühendes Messer durch meine Därme. Ich habe gelernt, durch Atemtechnik damit umzugehen.

EINTRAG INS TAGEBUCH

Ich träume viel und es sind schlimme Träume, manche aber auch wichtig für die Therapie. Dieser hier erklärt eine Menge:

Ein wahres Knäuel von Nabelschnüren hat mich fest umwickelt. Ich beginne sie zu lösen und als alle weggeräumt sind, erteilt etwas in mir den Auftrag, sofort eine neue zu verlegen! Die Logik schaltet sich ein und sagt, du brauchst keine mehr.

Später geben die vielen Nabelschnüre Hinweise auf meine Probleme mit Frauen; jede, die sich mir nähert, wird zum Mutterersatz.

35

Das Geschäft leidet; wichtige Gespräche müssen geführt werden, alle mit größeren Reisen verbunden. Ich nehme die Bahn; unterwegs ein überraschender Halt – jemand hat sich vor den Zug geworfen. Ich höre die Nachricht und der Druck in meinem Kopf steigt, die Schmerzen in den Schultern nehmen unerträglich zu. Ich muß weg vom Fenster; man kann es öffnen, und ich will diese Möglichkeit ausschließen.

Auf dem Weg zu Terminen: was sonst im Wagen transportiert wird, muß ich in zwei Koffern tragen. Keine Hände frei, verliere ich beinahe meine Hose – sie ist inzwischen drei Nummern zu groß. Also erst in einen Laden, Gürtel kaufen.

Julia soll mich fahren, es bleibt ein Versuch. Nachts im Hotel eine plötzliche Attacke – das linke Bein läßt sich nur noch unter unsäglichen Schmerzen strecken; es gelingt fast nicht, das Knie durchzudrücken. Jetzt nicht mehr anwinkeln, stehen bleiben; erst ein Schwächeanfall zwingt mich zu Boden.

Meine Gesprächspartner erkennen meinen Zustand, brechen die Konferenz ab, einer stützt mich bis zum Wagen. Nur das Bein nicht krümmen, denke ich, und Julia fährt. Es ist eine Botschaft: keine neuen Nabelschnüre mehr, löse deine Aufgaben selbst. Ich habe sie verstanden – und angenommen.

Wie es wohl üblich ist bei solchen Verirrungen, soll auch meine Sexualität auf den Prüfstand; dazu muß ich zu einer anderen Weißkittelfrau, die etwas über eventuell vorhandene gleichgeschlechtliche Veranlagungen herausfinden will. Als sie von meiner Liebe zu Griechenland hört, will sie mich zum Athos* schicken; ich winke ab und sie ist zufrieden.

Mein Unterbewußtsein reflektiert ständig neue Bilder; da erscheint mir im Traum die Fratze von Dorian Gray's Bildnis'; ich schrecke hoch und erinnere mich an die Panikattacke, die ich als Jugendlicher in dem Moment bekam, als er mit einem Messer die Leinwand zerfetzte und daraus ein Tropfen Blut quoll.

---

* Mönchsrepublik in Nordgriechenland

Damals krampfte sich alles in mir zusammen und nur ein Beruhigungsmittel konnte helfen.

Die Frau hört sich meinen Bericht an und als ich erwähne, nur der Blutstropfen habe gefehlt zum neuerlichen Kollaps, meint sie, daß einem „nie mehr zugemutet werde, wie man verkraften könne."

Die Situationen tauchen auf wie von einem Schalter betätigt, sobald ich die Augen öffne und mein Gehirn einsetzt. Begriffe wie Mord und Selbstmord beherrschen meine Gedanken, die sich davon nicht lösen können. Unter diesen Bedingungen achte ich darauf, so wenig wie möglich alleine im Haus zu sein.

Doch auch das nützt nichts, die Ängste zerreißen meine Gedanken, sie lassen sich nicht abstellen. Ich bin am Ende, auf knapp 60 Kilo zusammengeschrumpft und eigentlich zu keiner Willensentscheidung mehr fähig.

Der entscheidende Moment steht bevor. Auf dem Boden liegend, sitzt die Frau hinter meinem Kopf, ihre Hände streichen über meine Brust, streifen ab was nicht sichtbar ist. Sie ist dabei, den Ritus der Geburt zu wiederholen – und ich soll ihn erleben. Ohnmächtig erfahre ich, wie ein grenzenloser Schmerz durch meinen Körper zieht. Liegen bleiben, sagt die Frau, es ist erst der Anfang, ein Säugling kann noch nicht laufen. Wiedergeburt als Chance, sein Leben neu zu beginnen.

In den ersten Wochen treffen mich unablässig neue Herausforderungen, bei denen ich bereits nach kurzer Zeit spürbar anders empfinde – und ich bin willens, sie anzunehmen. Ich gehe auf ein hohes Haus zu und erfahre, daß sich dort vor kurzem eine junge Frau durch einen Sprung in die Tiefe das Leben nahm. Meine erste Reaktion ist Angst, doch ich zwinge mich zur gedanklichen Auseinandersetzung, frage mich, was ich tue, wenn ich als erster an den Ort komme, wo die Unglückliche liegt.

Weglaufen? Nein! Wegsehen? Nein! Schreien? Vielleicht. Ich benötige ein paar Sekunden, um mich zu entscheiden, und dann renne ich los, den Menschen in die Arme zu nehmen und zu trösten. Traurigkeit überfällt mich, doch ich spüre, er darf jetzt nicht allein sein.

Nun stehe ich oben auf dem flachen Dach, wage mich Schritt für Schritt nach vorn, die Beine schmerzen. Du kannst es, schreit es in mir, geh ganz nah an den Rand und schau runter. Mein Gehirn stellt die Frage, die mich in den vergangenen Monaten gequält hat: bin ich verrückt? Dann werde ich vielleicht springen, doch bevor ich unten ankomme, sind Engel da, die mich auffangen, sodaß mir kein Leid geschehen kann. Was kann ein Verrückter dafür, wenn er solche Sachen macht!

Diese Gedanken machen mir Mut; ich gehe noch ein Stück weiter und bleibe stehen. Auch das ist Freiheit, zu entscheiden, nicht weiterzugehen. Ich drehe um, gehe weg und begreife, daß in der Vergangenheit irgend etwas in mir verhindert hat, mir selbst zu vertrauen.

Das logische Denken wurde durch Botschaften der Physis abgelöst; meine Moral, mein Gewissen fanden im Bauch statt: kamen von dort keine Signale, konnte ich „beruhigt" sein.

Annähernd zwei Jahre müssen vergehen, bis ich Entscheidungen so treffen kann, daß die alten Bilder nicht wiederkommen und zum Schluß ganz verschwinden. Wir werden nicht versuchen herauszufinden, was schlußendlich das Entscheidende war, das dazu geführt hat. Wichtig ist, daß ich weiß: nun bin ich in der Lage durchzuhalten, wenn meine Seele und mein Verstand ja sagen, und kann darauf bauen, daß im gegebenen Augenblick das Richtige geschieht.

EINTRAG INS TAGEBUCH

Jetzt erkenne ich den Teufelskreis: Hätte die Angst gesiegt, wäre ich sofort wieder bei meinen Neurosen gelandet, die ich ja bestens kenne, weil sie mir seit Jahren, Jahrzehnten eine „vertraute" Umgebung bieten.

Das macht das Abwerfen der alten Verhaltensmuster so schwer, daß man „lieber ins Vertraute zurück" will, als den neuen Weg ins Ungewisse mutig weiterzugehen.

Und Vorsicht ist weiterhin geboten! Die Psyche sucht andere Projektionsfelder, um mich in die Abhängigkeit zurückzuholen. Ich ignoriere Anzeichen von „Erkrankungen" an Magen und Darm, von Angina, Bronchitis und Gelenken, um nur einige zu nennen – und schon lösen sie sich in Luft auf.

Die Frau sagt, daß ich jetzt gehen muß, alleine, und daß sie mich nicht mehr sehen will. Ich müsse nun nicht mehr unbedingt jemand haben, der mich begleitet, der Zwang hierzu sei nicht mehr da und ich hätte die Freiheit, zu entscheiden, mit wem ich zusammen sein möchte.

Und noch eins gab sie mir mit auf den Weg – daß, wer Gott danken kann für alles, was schön ist auf der Welt, auch bitten darf: ich habe mein Leben in deine Hände gelegt; hilf, daß ich gut und liebevoll mit mir umgehe. Glaube ist keine Einbahnstraße.

Epilog

Alle Pläne sind in sich zusammengestürzt, wurden nichtig, sind überholt – ich benötige jetzt nur noch das, was ich im Heute mit gesundem Verstand bewältigen kann. Viel bleibt nicht übrig, aber was ist das schon, habe ich doch gerade erst angefangen, meine Freiheit zu leben.

Ich bin auf dem Weg nach Santiago de Compostela. Es dämmert bereits, als ich mich irgendwo in Frankreichs Südwesten auf die Stufen vor einer Kirche setze. Nicht leicht, den richtigen Weg zu finden, denn Pilgerpfade wie im Mittelalter gibt es nicht mehr. Gleich werde ich feststellen, daß die Herberge seit einem Jahr geschlossen ist.

Eine anderes Gasthaus hat's nicht im Dorf, und deshalb erkundige ich mich bei den am Brunnen spielenden Kindern, ob sich vielleicht eine andere Möglichkeit zum Schlafen anbietet. Sie wollen ihre Eltern fragen und beeilen sich; der erste, der zurück ist, überbringt die Einladung seiner Familie, zu ihnen zu kommen.

Sie führen mich zu einem winzigen Bauernhaus, wo gerade geschlachtet wurde. Die Wannen mit Fleisch und Würsten stehen noch auf dem Boden der Küche, in die ich geführt werde; auf dem Tisch liegen blutige Schlachtutensilien, in der Ecke läuft ein Fernseher –

ich sehe, es ist ein Horrorfilm aus den Pariser Katakomben.

Jetzt fehlt nur noch, daß die Türe aufgeht, der Metzger reinkommt und das Messer wetzt, denke ich, da wird sie einen Spaltbreit geöffnet und eine Frau schaut neugierig herein – sie könnte Quasimodos Schwester sein.

Ich will nicht behaupten, daß mich das alles völlig kalt läßt, doch ich vertraue darauf, daß Pilger unter einem besonderen Schutz des Himmels stehen. Aber das ist eine andere Geschichte, die vielleicht im nächsten Buch über Gil B.'s Leben steht. Wer weiß...

Schlußbetrachtung

Der Seele ungeheure Kluft – was soll das sein? *"... Bewußtsein eigener Gesinnungen und Gedanken, das Erkennen seiner selbst"*, wird Goethe zu Beginn zitiert; kann das zur Überwindung der Kluft beitragen? Und wenn: wie ist es Gil B. gelungen – das „Erkennen seiner selbst"? Es dürfte interessant sein, diese Frage auf einer Metaebene mit dem Gedankengut der Logotherapie und Existenzanalyse, einer Fachrichtung innerhalb der Psychotherapie (V.E. Frankl), zu beleuchten.

Dem zufolge ist der Mensch ein „drei-dimensionales Wesen", bestehend aus Körper, Seele und Geist. Der Körper und die Seele eines Menschen können erkranken – der Geist nicht. Er „existiert", er „verbindet" das Individuum mit dem Universellen. Somit ist Heilung möglich, wenn der Mensch sich dem Geistigen zuwendet, es in sich selbst sucht. Der Mensch „ohne Geist" besteht demnach aus Körper und Psyche. Diesen „zwei-dimensionalen" Ansatz vertritt die Psychoanalyse (S. Freud), die besagt, daß die Motivation eines Menschen zum Handeln aus einem Triebdruck in seinem Inneren entsteht. Triebverlangen (Hunger, Durst, Angst, Hass, Sexualität, etc...) will Abreaktion und Stillung, drängt den Menschen, Triebe zu befriedigen und Spannungen zu lösen. So gesehen sind wir Individuen, die vom Triebdruck gesteuert und zu Handlungen gezwungen werden.

Der Mensch als „geistige Person" kann sich auseinandersetzen mit seinem Charakter, kann Stellung nehmen zu sich selbst, seinen biologischen, psychologischen und soziologischen Bedingungen der Vergangenheit und der Gegenwart. Dies kann der Mensch, weil der Geist grundsätzlich frei ist: frei, sich zu entscheiden, sich zu verändern, frei auch, ein „Anderer" werden zu können. Der Mensch „kann", wenn er „will" (Trotzmacht des Geistes).

Das „Wollen", die Willensfreiheit ist der Logotherapie zufolge ein menschliches Existential, also nicht abwählbar. Diese lebenslange Auseinandersetzung zwischen dem Geistigen – der freien, dritten Dimension des Menschen, die „heil" ist – und dem Charakter (Eigenschaften, Erbanlagen, etc.), wirkt als Ergebnis einer Spannung, die mit dem Leben unmittelbar verbunden ist.

Es ist dies die Spannung zwischen Sein und Sollen, zwischen dem, was ein Mensch ist und dem, was dieser Mensch sein will/soll. Was er soll, weiß und sagt ihm sein Gewissen, wenn er darauf hört. Er kann sein Gewissen anrufen – oder es ignorieren. Im Gewissen sind die Werte verankert, die ein Mensch hat und die ihm sagen, was für ihn ganz persönlich in seinem Leben sinnvoll ist, verwirklicht zu werden, und was nicht. Die Verwirklichung von ureigenen Werten ist eine menschliche Notwendigkeit. Entscheidet sich der Mensch ständig gegen seine inneren Werte und Notwendigkeiten, wird er sich untreu und es entsteht eine neurotische (Angst-, Zwangsneurosen) oder psycho-somatische Dynamik.

Möglichkeiten zur Verwirklichung von Werten hat der Mensch nicht endlos – denn das Leben selbst ist endlich. Wenn wir den Tod ins Leben mit einbeziehen, beginnen wir zu verstehen, daß wir dem Leben, das uns gegeben ist, mit dem „wie wir leben" antworten, wir damit, welche Entscheidungen wir treffen, dem Leben antworten und uns somit verantworten. Dies geht nicht ohne Leid auszulösen – und ohne schuldig zu werden. Leid und Schuld sind Begleiter von freien Entscheidungen und betreffen jedes Menschenleben.

Nun sind wir eingetaucht in „die Kluft", die der Autor das Trennende, das Zerreißende, als „Spaltung der Topographie der Seele" bezeichnet. Gil B. trifft die „Krankheit", von der die Rede ist – eine Diagnose wird nicht genannt – und sie wird ihm zum Schicksal. Die im Buch beschriebene Symptomatik, die Gil über fast drei Jahre leiden läßt, ist sowohl dem Störungsfeld der neurotischen Angst, als auch dem Bereich der Psychosomatik zuzuordnen.

Sehen wir uns das vorliegende neurotische Störungsbild genauer an: die im Kapitel „Gil B.'s erstes Leben" beschriebene allgemeine Lage des Neugeborenen; die angstbesetzte Zeit der Schwangerschaft seiner Mutter, die ohne Mann mit zwei Kindern in Kriegszeiten dastand; die Umstände der Geburt; durch die immer wieder scheiternde Vaterfigur; die Angst vor dem „Mann-Sein" (in sexueller und beruflicher Hinsicht), unzählige Hinweise auf Angst auslösende Ereignisse, die sich tief in die psychische „Topographie" der Kinderseele einprägen. Und die Charakterseite in Gil, die ängstlich dem Leben gegenüber eingestellt ist. Angst ist zur Ur-Erfahrung für ihn geworden und in den tiefsten Tiefen seiner Seele als unheilvolles Steuerelement ins Unbewußte abgestiegen, wo es sich von Zeit zu Zeit meldet (während der Kindheit mit „weh Bauch"; nach dem Scheitern der Ehen, etc.), aber durch ein gut ausgebildetes, Energie beladenes Ich lange Zeit unter Kontrolle gehalten wird.

Die vegetative Labilität hat Gil wohl geerbt, oder über das Familiensystem erfahren. Das traumatisierende Ereignis kommt just in dem Augenblick zum Ausbruch, als Gil B. sich allein an den Ort zurückzieht, wo er sich zuhause, sicher und geborgen fühlt – in seinem Haus in Griechenland. Bei einem Brand sind Teile seines Anwesens betroffen. Als Gil die Zerstörung begreift, wird ihm – zumindest seiner Seele – die Vergänglichkeit und Endlichkeit allen Lebens bewußt. Die Radikalität dieser Tatsache führt wahrscheinlich zu einer unbewußten Bilanzziehung, die ihm – weil vor seinem Gewissen sein gelebtes Leben nicht akzeptabel – Angst und Schrecken und Starre schickt, was ihn in die direkte Krise führt.

Die schwach entwickelte Selbsttranszendenz: zu diesem Punkt gibt es in der Geschichte des Gil B. unzählige, beschriebene Erlebnisse, die sich ambivalent einprägen und die darauf hinweisen, daß es nicht sein wirklich freier, von seinem „Selbst" frei gewählter Weg ist, den er streckenweise lebt, beziehungsweise leben muß. Die Kleidung als Kind, die grausam juckt und dem Kleinen unsagbare Schauer über den Körper jagt; die Not, das Leben während und nach dem Krieg; der plötzlich auftauchende Vater, der das Leben des kleinen Gil einschneidend verändert; die mißglückten ersten sexuellen Erlebnisse; der Einstieg ins Berufsleben mit den geschilderten Ereignissen; die in beiden Ehen unerfüllt gebliebene sexuelle Zufriedenheit; die außerehelichen Beziehungen ...

Uns interessiert, wie Gil B. den Weg aus dem Teufelskreis geschafft hat. Alles in seiner Geschichte deutet darauf hin, daß er zu den Personen gehört, die man als „triebstark" bezeichnet, und die über ein hohes Maß an von der Natur mitgegebener Lebensenergie verfügen. Seine Willensstärke ist nicht weniger beachtlich, folgt man den Erzählungen der Ereignisse, die Gil meistert – ebenso seine Charaktereigenschaften, die ihm helfen, seine Ziele zu erreichen und Wünsche zu verwirklichen: Ausdauer, Durchhaltevermögen, Abenteuerlust, die Reisen und die beruflichen wie privaten Erfolge, aber auch die Mißerfolge, die ihn immer wieder zurück ins Leben „führen".

Der wichtigste Schritt aus der Krankheit war jedoch der Wille, den ohnmächtigen Zustand anzunehmen, sich mit ihm auseinander zu setzen, ihn ins Leben und ins Sein hinein zu nehmen, Leidensfähigkeit zu leben!

Die Theorie dazu besagt, daß der Ausstieg aus dem Teufelskreis von Angstneurosen und psychosomatischen

Erkrankungen dann gelingen kann, wenn die auslösenden Faktoren quasi „ausgehebelt" werden, indem man sich einerseits der Angst stellt, sie aushält, und andererseits versucht, bis zu dem auslösenden Ereignis zurückzufinden, an das die konkrete Erinnerung fehlt. So können im Verlaufe der Therapie Ursachen und Hintergründe von „vergessenen oder verdrängten" Erlebnissen zu Tage treten. Gelingt das – wie im vorliegenden Fall, so kann man dabei auf den Kern der Probleme stoßen und eine Korrektur bzw. Wende in dem Augenblick vornehmen, „in dem sie entstanden sind."

Der Weg zurück ins Leben führt Gil B. zum Wesentlichen – zu seiner Willensfreiheit! Nun, da er die Fähigkeit zur Selbstdistanzierung erlernt und sich mit ganzem Herzen auf sinnvolle Lebensinhalte konzentriert, darin eintaucht, findet er die eigenen Werte und stärkt – durch die Handlungen, die er dazu setzt – die Fähigkeit zur Selbsttranszendenz (das „ganz" aufgehen an oder in einer Sache). Als Ergebnis einer psychischen Läuterung steht ihm die Summe der gemachten Erfahrungen zur Verfügung – durchlebte, durchlittene Entscheidungsprozesse, die dem eigenen Selbst entspringen.

Das Basisgefühl, in dem Gil nun „ruht", ist ein gänzlich individuelles, echtes, eigenes, ganzes Sein. Der letzte Eintrag ins Tagebuch zeigt die Genesung: *„Hätte die Angst gesiegt, wäre ich sofort wieder bei meinen Neurosen, ...ich ignoriere Anzeichen von Erkrankungen, ...und schon lösen sie sich in Luft auf"*.

Die daraus resultierende Erkenntnis: *"...nun bin ich in der Lage durchzuhalten, wenn meine Seele und mein Verstand Ja sagen".*

Auf dem Weg nach Santiago de Compostela findet er als Pilger zu sich und zu seinem inneren Selbst, zum Reisen, welches immer schon seine Leidenschaft war, auf daß *"... er Leben in sich spüre .. in den Sohlen, seine Seele beweglich sei."* Und er entdeckt für sich den Wert und Schutz des Glaubens, denn: „Gott ist der Partner unserer intimsten Selbstgespräche. Wann immer wir ganz alleine sind mit uns selbst, wann immer wir in letzter Einsamkeit und in letzter Ehrlichkeit Zwiesprache halten mit uns selbst, ist es legitim, den Partner solcher Selbstgespräche Gott zu nennen" (Zitat Frankl).

Eingebettet in diese Worte ist „Der Seele ungeheure Kluft" keine Bedrohung, sondern eine persönliche Herausforderung, um „zum Höchsten, wozu der Mensch fähig ist, zu gelangen, zum Bewußtsein eigener Gesinnungen und Gedanken."

Gil B. ist auf seinem guten Wege ...

                          Beate Pottmann-Knapp

Seite 141 Landkarte von Korsika

Seite 142/143 Naher Osten

Die gestrichelte Linie bezeichnet die Reiseroute

Literaturnachweis
J.C. Sachse, Der deutsche Gil Blas, Stuttgart 1822
Karl Faulmann, Geschichte der Schrift, Wien 1880
H.J. Rose, Griechische Mythologie, München 1961
Michel Foucault, Gebrauch der Lüste, Frankfurt 1986
E. Legler, SOS Hilfe für mich, Lahr 1999
Wilhelm Schmid, Geburt der Philosophie, Frankfurt 2000
V.E. Frankl, Edition Logotherapie, München - Wien 2005

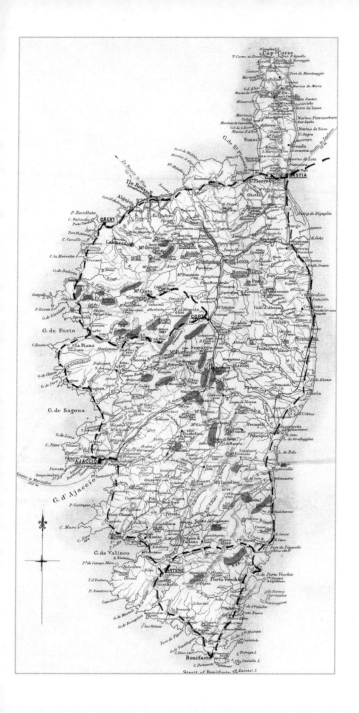

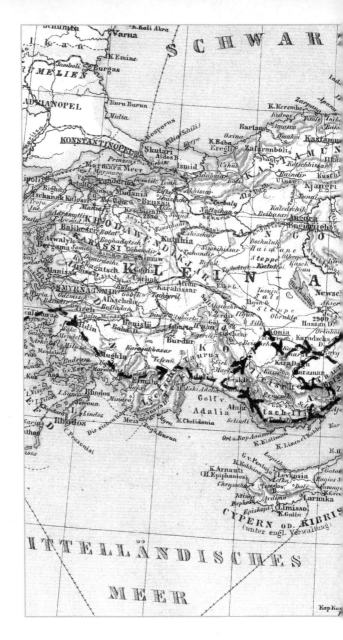

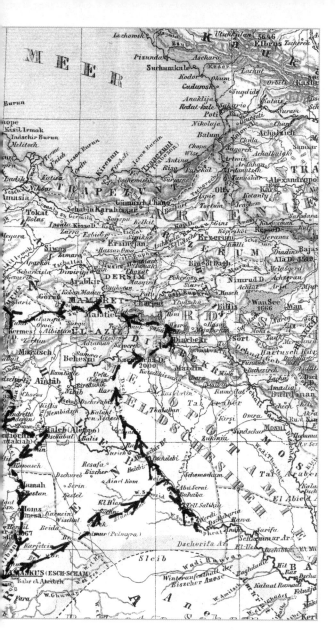